黑龙江省发展循环经济的法律保障研究项目
(编号：1351MSYZD008)

循环经济法制建设探析

邓雯雯　黄锦霞　谌雪燕　著

北　京
冶　金　工　业　出　版　社
2020

内容提要

循环经济是人类社会为解决经济发展中面临的生存与环境问题以及探寻未来经济发展模式的过程中所形成的新的经济发展模式。本书在厘清循环经济和循环经济法两者概念的基础上，分析我国循环经济法制建设的必要性，并说明了现行的循环经济法制建设存在的问题及其原因，分析我国循环经济立法考量与基本制度，寻求特色循环经济法制实践路径，提出区域循环经济发展的法制保障。

本书可供从事循环经济方面的研究人员和技术人员阅读，也可供高等院校有关专业的师生参考。

图书在版编目(CIP)数据

循环经济法制建设探析／邓雯雯，黄锦霞，谌雪燕著．—北京：冶金工业出版社，2020.7

ISBN 978-7-5024-8011-0

Ⅰ.①循… Ⅱ.①邓… ②黄… ③谌… Ⅲ.①循环经济—法律—研究—中国 Ⅳ.①D922.604

中国版本图书馆 CIP 数据核字(2020)第 114473 号

出 版 人　陈玉千

地　　址　北京市东城区嵩祝院北巷 39 号　邮编　100009　电话　(010)64027926

网　　址　www.cnmip.com.cn　电子信箱　yjcbs@cnmip.com.cn

责任编辑　俞跃春　杜婷婷　美术编辑　郑小利　版式设计　禹　蕊

责任校对　郑　娟　责任印制　李玉山

ISBN 978-7-5024-8011-0

冶金工业出版社出版发行；各地新华书店经销；三河市双峰印刷装订有限公司印刷

2020 年 7 月第 1 版，2020 年 7 月第 1 次印刷

169mm×239mm；10.5 印张；204 千字；159 页

79.00 元

冶金工业出版社　投稿电话　(010)64027932　投稿信箱　tougao@cnmip.com.cn

冶金工业出版社营销中心　电话　(010)64044283　传真　(010)64027893

冶金工业出版社天猫旗舰店　yjgycbs.tmall.com

（本书如有印装质量问题，本社营销中心负责退换）

前言

关于人与自然的关系研究，从来都是人类生存的重要命题。人类在处理与自然界的关系上经历了从崇拜自然阶段、征服自然阶段到协调自然阶段三个阶段。进入工业社会后，人类依靠科学技术的力量，不断发展生产力，从而使人类社会发生了深刻而迅速的变化。但是，环境、生态、资源等一系列问题，也日益严重地困扰着人类。严酷的生存事实迫使人类自己在对待自然的态度上，做一次全面的反省。人类社会在经济发展过程中经历了传统经济模式、生产过程末端治理模式，以及现在提倡的循环经济模式。20世纪60年代，美国经济学家鲍尔丁提出的“宇宙飞船理论”是循环经济思想的早期萌芽。随着环境问题在全球范围内的日益突出，人类赖以生存的各种资源从稀缺走向枯竭，以资源稀缺为前提所构建的末端治理范式逐渐为循环经济范式所替代。

我国自然资源的人均占有量很低，环境容量不容乐观，我国还属于发展中国家，要实现全面建设小康社会的目标和满足这一目标要求的自然资源储备的矛盾日益突出，发展循环经济的必要性和紧迫性也日益凸显。循环经济模式的兴起，要求必须建立起一整套符合其范式要求的政治、法律、经济、文化体制，建立起满足需要的、符合生态文明要求的循环型企业、循环型区域和循环型社会。循环经济法制建设可以对循环经济提供有效的激励和保障。有关循环经济立法主要针对以下几个方面：资源和能源使用效率；废物再利用、再循环；地区可持续发展生产和消费。改革开放以来，我国经济和社会发展取得了举世瞩目的成就，经济增速明显高于世界平均水平，对世界经济增长的贡献跃居全球首位，国内生产总值稳居世界第二位，货物进出口总额跃居世界第一位，贫困人口大幅减少。在取得成就的同时，我国在经济发展的道路上也遇到了很多问题，同时与全球经济的接轨，也对我国的经济理念、法制建设提出了新的挑战。新的问题在督促着我们从国情出发，发展具有中国特色的循环经济，建设特色循环经济法制体系。本书在厘清循环经济和循环经济法两者概念的基础上，分析我国循环经济法制建设的必要性，并说明了现行的循环经济法制存在的问题及其原因，分析循环经济法制建设的立法模式、法律和制度体系，构建出我国特色的循环经济法制，并将此试用于我国区域循环经济发展的法制保障中。

本书共分为五章，主要内容如下：

第一章为循环经济法制相关概述。介绍了循环经济的基础概念，讨论了循环经济法制的基本内容，系统阐述了循环经济的概念、相关理论、发展历程和发展现状，以及随之产生的循环经济法的基本内涵、法理分析和立法概况。

第二章为循环经济法制建设的必要性及存在的问题。探讨法制建设对循环经济发展的必要性和经济可行性，通过对循环经济法制建设出现的问题进行分析，讨论循环经济法制建设发展的方向和侧重点。

第三章为我国循环经济的立法考量与基本制度及法律体系。介绍我国循环经济在立法时各个方面的考量及循环经济的基本制度与法律体系。

第四章为特色循环经济法制实践路径。立足于我国国情，探讨中国特色社会主义经济基础下，循环经济模式发展的特殊需要，并讨论以此为根本的特色循环经济法制的立法理论、立法范畴、立法保障。

第五章为区域循环经济发展的法制保障。随着循环经济的深入发展，区域循环经济逐渐成为一种新的、可持续发展的微观经济模式。如何在区域层面提供法制保障是发展中很重要的一个方面，因此探究和分析区域循环经济发展原则，探讨区域循环经济法制的理论基础以及相应的保障。

在编写本书过程中，参考了相关的有关书籍和文献资料，在此对相关的作者表示诚挚的感谢。

由于作者水平所限，书中不妥之处，恳请广大读者批评指正。

作　者

2019 年 12 月

目 录

第一章 循环经济法制相关概述 …… 1
第一节 循环经济 …… 1
一、循环经济的基本内涵 …… 1
二、循环经济的相关理论 …… 4
三、循环经济的发展历程 …… 14
四、循环经济的发展现状 …… 17
第二节 循环经济法 …… 22
一、循环经济法的基本内涵 …… 22
二、循环经济法的法理分析 …… 23
三、循环经济法的立法概况 …… 28
第二章 循环经济法制建设的必要性及存在的问题 …… 38
第一节 循环经济法制建设的必要性 …… 38
一、循环经济法制建设是循环经济发展的客观需要 …… 38
二、循环经济法制建设是循环经济科学发展体系的支柱 …… 41
三、循环经济法制建设是循环经济发展国际化的保障 …… 43
第二节 循环经济法制建设的经济学分析 …… 46
一、循环经济法制建设的成本收益分析 …… 46
二、循环经济法制建设的供给需求分析 …… 51
三、循环经济法制建设的博弈分析 …… 56
第三节 我国循环经济法制建设存在的问题及原因 …… 59
一、我国循环经济法制建设存在的问题 …… 59
二、我国循环经济法制建设存在问题的原因 …… 65
第三章 我国循环经济的立法考量与基本制度及法律体系 …… 68
第一节 我国循环经济的立法考量 …… 68
一、我国循环经济立法的基础和价值追求 …… 68
二、我国循环经济立法的定位 …… 70

三、我国循环经济立法的基本原则 …… 72
第二节　我国循环经济的基本制度 …… 74
一、国家、企业、公众责任分担制度 …… 74
二、循环经济信息化建设制度 …… 78
三、生产者责任延伸制度 …… 81
四、循环经济公众参与制度 …… 84
五、循环经济标志、认证制度 …… 85
六、绿色税收制度 …… 86
七、循环经济计划制度 …… 92
八、循环经济技术支持制度 …… 93
第三节　我国循环经济法律体系 …… 94
一、我国循环经济法律体系现状 …… 94
二、我国现有循环经济法律体系的弊端 …… 97
三、我国循环经济法律体系的优化 …… 99

第四章　特色循环经济法制实践路径 …… 103

第一节　特色循环经济立法的基本理论 …… 103
一、立法的基本内涵 …… 103
二、立法的总体宗旨 …… 106
三、立法的指导思想 …… 108
四、立法的基本原则 …… 109
第二节　特色循环经济立法范畴 …… 114
一、立法的调整对象 …… 114
二、立法的主体范围 …… 116
三、立法的基本内容 …… 117
第三节　特色循环经济的法制保障 …… 119
一、立法保障 …… 119
二、政府制度保障 …… 120
三、企业制度保障 …… 123
四、社会公众制度保障 …… 126

第五章　区域循环经济发展的法制保障 …… 128

第一节　区域循环经济概述 …… 128
一、区域循环经济发展的概述 …… 128
二、发展区域循环经济的必要性 …… 129

三、区域循环经济发展原则……131
四、构建区域循环经济系统……134
第二节　区域循环经济法制理论基础……140
一、区域循环经济的法制理念……140
二、区域循环经济的法律价值……142
第三节　发展区域循环经济的法律保障……143
一、宪法层面保障区域循环经济发展……143
二、基本法层面保障区域循环经济发展……144
三、专项法层面保障区域循环经济发展……144
四、其他法律制度保障区域循环经济发展……145
第四节　发展区域循环经济的制度保障……145
一、经济规划制度……146
二、绿色采购制度……146
三、资源有偿使用制度……146
四、经济激励制度……147
五、公众参与制度……147
六、科技支持与示范制度……148
七、经济评价制度……148

附录　中华人民共和国循环经济促进法……149

参考文献……158

第一章　循环经济法制相关概述

循环经济的思想萌芽可以追溯到 20 世纪 60 年代，而在 20 世纪 90 年代后，发展知识经济和循环经济成为国际社会两大趋势。循环经济对法律本身具有特殊的依赖性，除了对法律体系的结构性有要求，还需要通过适当的循环经济立法来建立支撑循环经济的科学体系。

第一节　循环经济

一、循环经济的基本内涵

（一）循环经济的概念与特征

循环经济是指对自然环境资源实行闭路循环应用的经济发展方式。人类在进行社会经济活动中，应当遵循生态学规律，通过优化物质在经济系统内部的循环和能量流动，减少资源输入和污染输出，使生产过程中的废弃物减量化、资源化、无害化，从而在经济增长中保护环境，实现经济系统和自然生态系统的和谐循环与可持续发展的经济发展方式。

学术界在研究过程中从资源综合利用、环境保护、技术范式、经济形态和增长方式、广义和狭义等不同角度对其做了多种界定。

第一类是从资源循环利用的角度定义循环经济，主张通过废弃物的循环再生利用发展经济，使生产消费中投入的自然资源最少，向环境中排放的废弃物最少，实现低投入、高效率、低排放的经济发展。

第二类是从人与自然的角度定义循环经济，主张人类的经济活动要遵循自然生态规律、维持生态平衡。

第三类是从技术范式的角度定义循环经济，认为循环经济是一种范式革命。借鉴科学发展的范式革命，总结出两种不同的范式：一种是生产过程末端治理范式；另一种是循环经济范式。

第四类是从经济形态的角度定义循环经济，主张循环经济是一种新的经济形态和增长方式。这类观点特别强调资源消耗的减量化、再利用和再循环都仅仅是其经济生产的目的，其本质是对人类生产关系进行调整，其目标是追求可持续发展。

《中华人民共和国循环经济促进法（2018修正本）》第二条对循环经济进行了定义，即：循环经济，“是指在生产、流通和消费等过程中进行的减量化、再利用、资源化活动的总称”。其中，减量化，“是指在生产、流通和消费等过程中减少资源消耗和废物产生”。再利用，“是指将废物直接作为产品或者经修复、翻新、再制造后继续作为产品使用，或者将废物的全部或者部分作为其他产品的部件予以使用”。资源化，“是指将废物直接作为原料进行利用或者对废物进行再生利用”。

这一定义是凝聚了有关循环经济的理论成果和实践经验的产物，符合法律规范对于概念界定内涵明确的基本要求。这一定义不仅指出了循环经济的核心、原则、特征，同时也指出了循环经济是符合可持续发展理念的经济增长模式，抓住当前中国资源相对短缺而又大量消耗的症结，对解决中国资源对经济发展的瓶颈制约问题具有重要的现实意义。

循环经济作为一种新型的经济增长模式，它具有以下三个方面独有的特征。

（1）系统性。循环是指在一定系统内的运动过程，循环经济的系统是由人类社会、自然生态系统和科学技术等要素构成的系统。把人类社会和自然生态系统看成是地球生态系统的组成部分，人类社会作为地球生态系统的子系统，利用科学技术以实现人类子系统与自然生态系统的协调为目的，实现环境保护、资源节约和经济发展的统一。

（2）循环性。循环经济是“资源—产品—再生资源”的反馈式经济，体现了物质的闭环流动过程，与“资源—产品—废弃物”单向流动的传统线性经济根本不同。循环经济的特征是“低开采、高利用、低排放”，通过系统内部以互联的方式进行物质交换，最大限度地利用进入系统的物质和能量，实现经济的质量型增长。不仅要考虑经济承载能力，还要考虑生态承载能力，只有在生态资源承载能力范围内的经济活动才能做到良性循环。

（3）环境友好性。循环经济倡导的是一种与环境和谐的经济发展模式。循环经济环境友好性特征是其系统性和循环性特征的必然结果。重视人与自然和谐相处的能力，促进人的全面发展。

（二）循环经济的基本原则

当循环经济的理念被提出来，人们逐渐意识到，沿着这样一条生态型的发展模式道路，构筑起建立在科学技术发展基础上的循环经济体系，是实现可持续发展的保障。循环经济以实现经济社会可持续发展为基本目标。

《现代汉语词典》中循环一词的含义是指事物周而复始地运动或变化。在哲学意义上，循环是指事物周而复始地发展上升运动。物质的永恒循环，形成物质世界的无限发展。循环经济则是以可持续发展思想为指导，运用生态学规律，重构人类社会经济活动，实现资源高效循环利用。这也给循环概念赋予了新的内涵。

循环经济本质上是一种生态经济。循环经济是以环境资源的节约利用为基本目标，倡导所有的物质和能源都要在不断进行的经济循环中得到合理和持久的利用。通过对环境资源实行低开采、高利用，污染的低排放，把经济活动对自然环境的影响降低到尽可能小的程度，实现经济增长和改善环境质量的协调一致发展，以环境友好的方式利用自然资源和环境容量。

循环经济强调资源的持久性和集约化使用。循环经济强调通过提高产品的使用寿命，而非物质的大量消耗来促进经济的发展。所谓产品的持久性使用，是指通过延长产品的使用寿命来降低资源利用的速度。所谓集约化使用，是指使产品的利用达到规模效应，从而减少分散使用导致的资源浪费。

循环经济需要以现代技术发展为支撑。循环经济的目的是要达到资源的可持续利用，使有限的地球资源可以生产出更多的产品，因此，必须以信息技术、生物技术等高新技术为支撑，采用环境无害化技术或环境友好技术合理地利用资源和能源，减少污染排放量，更多地回收废物和产品，并以环境可接受的方式处置残余的废弃物。

循环经济作为一种新的经济发展模式，强调自然资源的低投入、高利用和废弃物的低排放，它有效地解决了可持续发展的两大障碍——资源短缺和环境污染。循环经济的有效实施需要全社会的参与和推动。

循环经济发端于传统经济，具有更多的优点，是一种更高级更先进的经济形态。

循环经济与传统经济相比，功能不同：(1) 循环经济是物质资料生产活动的革命；(2) 循环经济实现社会、经济和环境的“共赢”发展；(3) 循环经济是可持续发展的理想模式。

循环经济与传统经济的比较，在以下方面存在差异：(1) 追求的目标不同，循环经济将工业的经济效益和生态效益并重；(2) 自然资源的开发利用方式不同，循环经济从经济效益和生态效益兼顾的目标出发，在生态经济系统的共生原理、长链利用原理、价值增值原理和生态经济系统的耐受性原理指导下，对资源进行合理开采；(3) 产业结构和产业布局的要求不同，循环经济要求合理的产业结构和产业布局，以与其所处的生态系统和自然结构相适应，以符合生态经济系统的耐受性原理；(4) 废弃物的处理方式不同，循环经济最大限度地开发和利用资源，既获得了价值增值，又保护了环境；(5) 工业成果在技术经济上的要求不同，循环经济生产中强调其技术经济指标有利于经济的协调，有利于资源、能源的节约和环境保护，而传统的工业产品对此没有要求；(6) 工业产品的流通控制不同，循环经济加入了环保限制。

循环经济的核心是建立“资源—产品—再生资源”的生产和消费方式，减少资源利用及废物排放、实施循环利用、废弃物再利用。即减量化、再利用、资源化是发展循环经济所要遵循的基本原则，是循环经济思想的基本体现。

减量化原则属于经济系统输入端控制原则，本身又具有两层含义：一是污染物的减排；二是减少单位经济产出的资源和能源消耗。再利用原则属于经济系统过程性控制原则，立足点在于延长物品在生产和消费中的使用时间。资源化原则属于经济系统输出端控制原则，以最大限度减少最终向环境的丢弃量。

这三个原则的重要性并不是并行的，减量化原则优于再利用原则，再利用原则优于资源化原则，本质上再利用原则和资源化原则都是为减量化原则服务的。循环经济倡导的是以源头控制、节省资源消耗和避免废弃物产生为优先目标。减量原则是循环经济的第一法则，决定着循环经济的主要目的。三个原则按照减量化—再利用—资源化的先后顺序构成了循环经济的基本发展思路。

二、循环经济的相关理论

（一）循环经济的自然科学基础

自然资源领域里的许多原理，可以为发展循环经济提供系统和科学的指导。

热力学定律中，第一定律说明了发展循环经济的可行性，第二定律说明发展循环经济要投入资金。

热力学第一定律也就是能量守恒定律：能量既不能凭空产生，也不能凭空消失，它只能从一种形式转化为另一种形式，或者从一个物体转移到另一个物体，在转移和转化的过程中，能量的总量不变。它描述了过程状态变化所遵循的物质和能量守恒。不论在生产和消费过程中还是在生产和消费过程后，物质并没有消失。随着新技术、新工艺的产生以及新的消费观念的形成，可以做到物质和能量的高效以及循环利用。

热力学第二定律可以用熵表述为熵增加原理：孤立系统的熵永不自动减少，熵在可逆过程中不变，在不可逆过程中增加。熵是分子热运动无序程度的量度，分子热运动的无序度越高，熵值就越大。热力学第二定律是描述过程变化方向所遵循的规律。热力学熵的概念可以推广到分子热运动以外的运动，可以用广义的熵来描述其他物质、系统的混乱程度、无序度和不确定度等。熵增加原理，只能用于判断封闭系统中变化过程的方向。在现实生活中，系统通常是开放的系统，与环境有着密切的物质和能量交换。由封闭系统耗散产生的熵增量，称为熵产；系统与环境间的净熵传递称为熵流。在生产和消费过程中，物质被利用、能量对外做功，都是熵增过程。物质和能量被使用以后，在量上虽然保持不变，但质已经发生变化，无序度明显增加，物质和能量的可用程度降低。就一个封闭系统而言，持续发展是不可能的，整个世界将由于不可逆过程增加着熵值。在传统经济中，生产和消费所带来的正熵被任意地向自然生态系统排放，致使自然生态系统的无序度增加。循环经济系统就是要原本被弃置的高熵状态的物质，重新转变到低熵状态加以利用。这一过程的实现必须要付出成本——负熵流。

耗散结构和自组织理论说明，只有引入负熵流，经济系统才能有序发展。

耗散结构理论是研究耗散结构的性质及其形成、稳定和演变规律的科学。它以开放系统为研究对象，着重阐明开放系统如何从无序走向有序的过程。耗散结构理论的创始人是比利时著名科学家伊利亚·普里戈金教授，他因此获得了1977年的诺贝尔化学奖。李如生在《非平衡态热力学和耗散结构》中曾提到，按照普里戈金的理论，一个耗散结构的形成和维持至少需要四个条件：一是系统必须是开放系统，因为孤立系统和封闭系统都不可能产生耗散结构；二是系统必须处于远离平衡的非线性区，也就是说，耗散结构是一种“活”的有序化结构；三是系统中必须有某些非线性的动力学过程，如正负反馈机制等；四是系统通过结构、功能、涨落之间的相互作用而达到有序、和谐。

生命系统需要新陈代谢，必然是开放系统，必然是远离平衡状态的。生命系统、社会经济系统都是耗散结构，具有丰富的层次和结构。这些系统内部不断产生正熵，使系统朝着混乱的方向发展。为维持自身在空间上、时间上或功能上的有序状态，系统就要不断地从外界引入负熵流，进行新陈代谢过程。传统的经济系统是线性经济系统，而无论是线型经济系统，还是循环型经济系统，都是开放的系统，大部分负熵流直接或间接地来源于太阳。但是，线性经济系统的有序进化是以生态环境的退化为代价的，这反过来又会影响经济系统负熵流的有效摄入。循环型经济系统则将自身同自然生态系统形成一个更大范围的开放系统，系统进化的途径是充分利用负熵流，减少自身的熵产，系统的进化以新边界以外的环境系统的熵增为代价。

爱因斯坦的质能关系揭示了负熵流的本质。

爱因斯坦的质能关系式是：$E=mc^2$，它把质量与能量有机地联系在一起，把物质看成是高密度的能量，它揭示了负熵流的本质。在人类可控核聚变技术最终成熟之前，太阳内部的核变能量是循环经济系统赖以存在的负熵流的主要来源。

在人类社会经济系统中，太阳能负熵流的利用途径有历史上的太阳能负熵流和当前的太阳能负熵流两种：历史上的太阳能负熵流以煤、石油、天然气等化石资源的形式存在，它不仅是线性经济系统生产和消费的主要驱动力，也是循环经济系统初期的主要驱动力；当前的太阳能负熵流以太阳能、水能、风能、生物能等形式存在，是循环经济系统未来的主要驱动力。以太阳能为代表的可再生资源的利用，将成为未来人类社会可持续发展的方向。

（二）循环经济的哲学基础

循环经济蕴含着一种对自然法则的基本看法，可以从哲学方面进行揭示。康芒纳在《封闭的循环》中提出了生态学的四个法则：每一事物都与别的事物有关；一切事物都必然要有其去向；自然所懂得的是最好的；没有免费的午餐。从哲学上揭示了循环经济的基本原理。

(1) 每一事物都与别的事物有关。这也是马克思主义哲学原理的普遍联系观点。传统的工业经济只考虑工业生产过程本身的线性联系，与此不同，循环经济是物质闭环流动型经济，它倡导一种与地球和谐的经济发展模式，所有的物质和能源都要在这个不断进行的经济循环中得到合理而持久的利用。“循环经济”充分考虑到工业生产整体及其各个环节的整体关联，考虑到工业生产与自然生态环境的关联，反映了一种普遍联系的哲学观点。

(2) 一切事物都必然要有其去向。这个法则强调，在自然界是无所谓“废物”的东西。对经济活动来说，人类创造的物质产品，或者变成废料，或者变成再生资源，总要有一个去处。传统工业经济只考虑资源的来源、生产的过程和生产的效益，而未考虑“去处”。而循环经济三大原则是在最大程度减少对自然的污染。

(3) 自然所懂得的是最好的。这个法则是强调自然界的自组织、自演化、自调节的生态规律。自然生态系统在长期演化过程中有着内在的生态规律，制约着生态系统各要素包括人的活动。其生态有机规律就是生态系统的自为目的、价值，是人的活动包括经济活动必须遵循的。传统的工业经济是一种遵循因果规律的经济；而循环经济则不仅遵循因果规律，更遵循自然生态长期演化而来的自组织法则。

(4) 没有免费的午餐。任何生产都是有代价的。人的经济活动具有满足人类生存与发展的效益，但同时也必然造成生态破坏的代价。传统工业经济活动往往只考虑经济效益的最大化，而忽略长远的对环境的破坏代价。循环经济则强调经济效益的获得要以对自然破坏最小的代价为前提，是生态代价最小的经济形式，强调对生态破坏的代价大于经济收益的经济活动应该停止。

(三) 循环经济的生态学基础

1869 年，德国生物学家海克尔最早提出“生态学”概念。20 世纪 30 年代，英国植物群落学家坦斯利提出“生态系统”概念。20 世纪 40 年代，生态学的“初级生产”和“营养动力”等概念被提出并发展。

循环经济是经济生态化的表现形式，生态学是循环经济最重要的支撑学科。循环经济以生态系统相关理论为基础，模拟自然生态系统运行方式和物质能量流动基本规律的新型经济发展模式。

生态系统具有一定的自我调节能力达到动态平衡，但是当外来的干扰超过生态系统自我调节能力时，生态系统的平衡就被打破。生态系统的规律可以总结为整体、协调、循环、再生，这是一个和经济系统中与物质流有关的准确描述。传统生态学就是研究生物与环境之间相互关系的科学。人类社会是地球生态系统的子系统，也需遵循生态系统物质循环和能量流动的一般规律。

1. 整体协同的动态平衡原理与生态阈值

循环经济中将经济系统看作是生态系统共生的子系统，那么经济系统遵循基本的生态规律：生态平衡与生态阈值法则。

生态平衡是指生态系统的动态平衡。

生物为了生存与繁衍，必须从环境摄取物质与能量，如水、空气、光和其他营养物质，又通过不断地释放气体、排泄废物和死后遗体回归自然。生物影响着环境，环境也影响着生物，两者构成一个整体系统，并处于相互影响和相互协调的动态平衡之中。

生物既是环境的拥护者，又是环境的组成部分。人类作为一种生物，既依赖于自然环境生存与发展，又对自然环境产生正反两方面的影响。

在生态平衡状态下，生态系统的结构与功能相互依存，相互作用，从而使之在一定时间、一定空间范围内，各组成部分通过制约、转化、补偿、反馈等作用处于最优化的协调状态，表现为能量和物质输入和输出动态平衡，信息传递畅通和控制自如。稳定平衡的生态系统，任何一个生物的发展过程受到多种因子的共同影响，因为正负因子的调节机制而相互平衡。

自组织稳定的生态系统，正负反馈调节机制相互平衡。正反馈将系统中涨落因素放大，给系统提供前进的动力，但正反馈也会带来不稳定因素，需要经过选择，由负反馈将其去掉，使系统在新的状态中保持稳定，系统就发展了。正负因子间的作用会影响系统的稳定性，因此，在复合生态系统的调控中，要特别注意那些利导因子和限制因子的动向。

循环经济的闭环物质循环模式，本质上也是在建立输入与输出平衡、结构与功能稳定、自调节与自组织增强的复合生态系统。在循环经济系统调控过程中同样需要注意正负因子的检测和控制。

在外来干扰条件下，平衡的生态系统可以通过自我调节可以恢复到原来的稳定状态。但是生态系统的自我调节能力是有限度的，只能在一定范围内、一定条件下起作用。如果干扰过大，生态平衡就会被破坏，这个临界限度称为生态阈值。

生态阈值是生态系统在几个状态下突然转变的点或者区域。在生态阈值范围内，生态系统能承受一定程度的外界干扰和冲击，并可以通过自我调节恢复到稳定状态。当外界干扰超过生态阈值，生态系统不能通过自我调节恢复到原初状态，则称为“生态失调”。生态阈值的大小决定于生态系统的成熟程度。生态系统越成熟，它的种类组成越多，营养结构越复杂，稳定性越强，对外界的压力或冲击的抵抗能力也越大，即阈值高；相反一个简单的人工的生态系统，则阈值较低。

要实现复合生态系统可持续发展，人类在生产实践过程中就应尊重生态系统的自我调节机制。人类的社会经济活动不能突破生态系统的生态阈值，必须严格地注意生态阈限，使具有再生能力的生物资源得到最好的恢复和发展，从而充分利用生态系统的自我调节机制。人类社会经济活动应在自然规律允许的范围内进行。

2. 复杂系统的整体性层级原理与生态位

系统作为一个相互作用的诸要素的总体，可以分解为一系列的子系统，子系统还可进一步分解为更低一级的子系统，并存在一定的层次结构，这就是系统的层次特性。当由小的子系统组成大的系统时，随着结构的复杂化，而附加新的性质，产生了新的功能和新的特征。

生命系统从微观到宏观组成了多层次、多功能的复杂结构。整体规律大于局部规律之和，局部的规律只有在整体的调节下才有意义。发展循环经济、构筑循环型社会，同样应该从系统、整体的角度着眼，综合调节和控制整体和部分的关系，统筹整体功能和局部利益，从不同层面把生产、消费、循环再生体系纳入社会循环的框架之中。

循环经济体现了新的系统观，其体系是一个具有多层级结构的复杂系统。循环经济或循环社会系统的整体性、有序性，体现于系统各层次、各子系统之间物质循环、能量流动和信息传递的持续有效进行。

生物在漫长的进化过程中形成的，在一定时间和空间拥有稳定的生存资源，进而获得最大或比较大生存优势的特定生态定位，即受多种生态因子限制而形成的超体积、多维生态时空复合体，这被称为生态位。生态位的形成弱化了不同物种之间的恶性竞争，有效地利用了自然资源，使不同物种都能够获得一定的比较生存优势。

在复合生态系统中，生态位不仅适用于自然子系统中的生物，同样适用于社会、经济子系统中的功能和结构单元，在经济发展中也要适当定位才有比较优势。

在建设循环经济和循环型社会的过程中，必须把保护和增强生态系统服务功能作为工作的重点。尤其对于目前已经超载的生态系统，必须建立相关的制度体系，通过制度限制人类对生态系统产品的掠夺性开发，把人类的活动和消费限制在生态阈限范围之内，强制恢复和保育生态系统的服务功能。

生态系统服务是指对人类生存与生活质量有贡献的生态系统产品和服务。生态系统服务是不能在市场上买卖，但具有重要价值的生态系统功能，如净化环境、保持水土、减轻灾害等。生态系统服务的间接使用价值远远超过了其直接的使用价值。

3. 共生共存的协调发展原理

共生是一种普遍的生物学现象。狭义上的共生关系是指：不同物种共同生活在一起，对各方有利（互利共生）或只对其中一方有利（偏利共生），但对任何一方均无害；广义上的共生关系是指：生态系统中的各种生物之间有机地联系在一起，在一个需要共同维持的、稳定的、有利的环境中共同生活。

人类只是地球生物共生体系中的一员，人类社会经济活动与自然生态有着复杂的关联关系。循环经济系统作为人与自然相互依存、共生的复合生态系统，其中的自然、环境、资源、人口、经济与社会等要素之间存在着普遍的共生关系。

在传统工业经济发展模式下，三个子系统则成为互为制约的因素，导致子系统间恶性循环，整个系统走向衰退，甚至崩溃，如果不能得到及时、有效的遏制，自然环境将出现更多的问题，不利于人类的生存和发展。而循环经济中的社会、自然、经济三个子系统之间，强调其相互依存、共生的因素，通过最大限度地打通内部物质的循环路径，建立系统共生体内部物质循环的链条，实现资源节约、经济效益和环境保护三赢。

4. 循环再生原理

物质循环、再生利用原理是生态学的基本原理。物质在自然界的生生不息、循环演进是大自然不停演化的基础。

在人类大规模地改造地球以前，绝大部分自然生态系统的结构和功能都是完全的，它们是具有完整生产者、消费者、分解者的结构，可以自我完成物质循环功能，形成“生产—消费—分解—再生产”的特征，能流与信息流通畅，系统自身的状态能够进行有效的调控，生物圈处于一种良性发展的状态。

现代方式的人类生产和生活活动改变了这种格局，使不同的生态子系统从功能上分化成单纯的生产者、消费者和分解者，打破了生态系统物流、能流和信息流的对称状态，产生了结构和功能上的破缺，导致全球生态系统稳态的破坏和功能的衰退，造成一系列生态问题，直接威胁人类的可持续发展。

作为可持续发展的经济发展模式，循环经济的本质是一种生态经济，本质要求是重新耦合生态复合系统的结构与功能。要想真正解决这些全球性问题、实现人类的可持续发展，就必须从全球或者区域的视角，依据物质循环、再生利用的原理，重新耦合生态复合系统的结构与功能，必须发展以闭环物质循环为特征的循环经济，提高物质资源在人类生产、生活系统中循环利用的比例，减轻人类对进一步开采利用自然资源的依赖程度，既有利于可再生资源的恢复，也有利于不可再生资源更长期的利用。

（四）循环经济的经济学基础

循环经济是要重新构建社会价格形成机制，将生态环境作为一种生产要素纳入市场运行机制之中，以激发企业的技术创新活力和使企业迅速地进行产业转型，是要通过“循环”达到“经济”的目的，实现经济活动的生态化转向。循环经济的发展既要遵循生态规律，更要遵循经济规律。

把循环经济置于可持续发展理论背景中，在经济学视角下来探寻循环经济的理论基石。

1. 古典和新古典经济学

18~20 世纪初的经济学主要探讨资源环境是否会对经济发展产生制约。

在古典经济学的起源阶段，以土地为代表的自然资源和劳动是经济学的研究对象。以《国富论》为代表的古典经济学派强调对生产要素投入的研究，并将劳动、土地资源看成是生产的基本要素，是生产的基本源泉；同时提出了要重视可再生资源的持续利用问题。马尔萨斯的人口论、李嘉图的级差地租论，无不对资源的研究给予了足够的重视。

19 世纪下半叶，随着大机器的使用和生产规模的不断扩大，产生了新古典经济学理论。这一时期产品丰富，需求的影响日益鲜明。新古典经济学理论主张建立生产和消费的平衡关系，保持供应和需求的平衡，使资源得到最优的配置。新古典经济学认为，“市场失灵”得靠政府的外部干预来解决，保证外部效应内部化。新古典主义学派重视资源的配置，重视需求和效用，但却忽略了对资源本身的研究。虽然这些方法的确对环境治理有一定的合理之处，有一定的可资借鉴之处，但是，它仍旧是末端治理而非源头预防。

美国世界观察研究所所长莱斯特·布朗 1981 年出版了《建设一个可持续发展的社会》一书，在书的扉页上引用了联合国环境方案中的一句话：“我们不只是继承了父辈的地球，而是借用了儿孙的地球。”这句寓意深刻的名言呼唤人们猛醒，自觉地改变价值观念，从高速增长的传统发展模式过渡到可持续发展模式。

当代西方学者把循环经济看作实现可持续发展的基本路径，他们对循环经济的论述主要集中在以下几个方面：

第一，自然资本已成为制约经济繁荣的重要因素。在 18 世纪以前，人类曾长期受制于自然环境。而从 18 世纪开始，人类跨入工业文明时代，利用不断发展的近代科学技术以空前的规模和速度控制和利用自然。很多人庆幸人类终于摆脱了自然的束缚，与此同时，大量学者不断强调人类需要一场环境革命，并认为这场革命的理论基础是自然资本理论。过去自然资本非常丰富，稀缺的是人造资本；但随着人类活动能力增强，大量掠夺自然资源，人造资本越来越雄厚，自然资本越来越稀缺。为了阻止地球生态系统走向衰落，必须停止经济发展对自然资本的无情掠夺。

第二，循环经济是实现可持续发展的基本途径。肯尼斯·波尔丁在其“太空船经济”理论中将地球视为一艘孤立的宇宙飞船，在飞船里，人类若想获得无限生存，必须在不断再生的生态圈中找到自己的位置。虽然有多条途径通向可持续发展，但循环经济是其最基本的路径。

第三，在污染问题上“源头预防”至关重要。“预防”胜于“控制”，因为“控制”的结果必然是“失控”。在自然界中，堆积成山的废弃物是无法转移的，把污染物暂时藏到环境中的某个不惹人注意的地方，只不过是一叶障目的做法，迟早有一天污染物会反过来影响到人类社会。源头预防和减量化胜过末端治理。

第四，循环经济必须效仿大自然进行“系统设计”。大自然中一个物种的消耗成为另一个物种的食物，混乱和失衡虽然也会发生，但生态圈能够自我纠正和自我恢复。一个循环和恢复型的经济也应该遵从生态系统的相应规律。每个产品或副产品在被生产出来以前就已经想好了它随后的形态，设计者必须从一开始就把这一产品将来的用途及如何避免废物考虑在内。这样，就不会产生危险的和生物学上无用的废物。

第五，政府在循环经济发展中发挥重要作用。循环经济发展需要同时发挥市场和政府两方面的重要作用，特别是政府的作用至关重要。政府不仅通过法律强制保护生态环境，而且还可通过征税或减税等经济手段对破坏或保护资源环境的行为进行抑制或奖励。政府还可以积极引导并鼓励公众积极参与循环经济实践，通过教育提高公众的循环经济觉悟，使循环理念成为公众的自觉认知。

2. 马克思、恩格斯的循环经济思想

马克思、恩格斯生活在大机器时代，目睹了资本主义生产方式的发展和掠夺式开发利用自然资源所带来的后果，对于人类与自然的关系，进行过精辟的分析和论述，为创立循环经济理论提供了基本的思路和方法。

马克思主义虽然没有系统撰写物质循环利用和环境保护方面的专著，但对人与自然、物质变换和能量转换、废物的再循环、环境保护等方面的论述却相当丰富。

马克思曾指出：“社会化的人，联合起来的生产者，将合理地调节他们和自然之间的物质交换，把它置于他们的共同控制下，而不让它作为盲目的力量来统治自己，靠消耗最小的力量，在最无愧于和最适于他们的条件下进行这种物质交换”❶。循环经济就是这样一种“靠消耗最小的力量，在最无愧于和最适于他们的条件下进行着这种物质交换”的新型经济发展模式。

物质本身没有“废料”，它们实质就是自然资源，它们连续不断地参与社会经济系统的物质循环，往复不断地进入社会物质的再生产过程，从而使整个社会物质财富不断扩大和不断增值。“没有真正废弃物，只有放错地方的废弃资源”，

❶（德）马克思．资本论（第3卷）[M]．中央编译局，译．北京：人民出版社，1975：926-927.

这其实就是循环经济的主导思想。

马克思在《资本论》中对资本的循环曾做过经典的表述，但极其抽象，它对一般的社会经济系统循环过程的研究提供了基本的原理。自然资源作为资本进入生产过程中反复利用，形成再生资源，以实现社会财富的增值，这就是一般社会经济系统中的自然资源循环运动。

循环经济概念是人们对人与自然矛盾演变过程中产生的循环经济理念，或者说是对处理社会经济与资源环境矛盾的相关实践和思想的总结、提炼和范式化。

虽然说“循环经济”是一个新概念，但在《资本论》和《马克思恩格斯选集》中，两位智者曾经明确提出过与“循环经济”类似的思想、观点：在人与自然的关系问题上，马克思是以“实践”和“物质交换”来解释的；马克思认为，“所谓的废料，几乎在每一种产业中都起着重要的作用”❶。

马克思区分了两种不同的节约：一是对生产过程中产生的废弃物的循环再利用；二是减少废弃物的产生。

虽然马克思、恩格斯的论述中没有提及循环经济的概念，但是他们充分论述了人类社会生产，特别是社会化大生产，应以资源节约和废弃物循环利用为基本特征，应是一个生产过程的排泄物，再回到另一个生产过程，这样周而复始的自身消耗、自身利用的过程。

减少废料的产生和废料的再利用实质上就是循环经济所提倡的减量化、再利用和再循环的基本原则。因此，他们对于循环经济思想的论述既具有前瞻性，也具有深刻性。

3. 资源经济学

资源经济学认为，经济的本质是人将自然资源转换为生存资料。资源有社会资源和自然资源之别。社会资源包括人力、知识、信息、科学、技术，以及积累起来的资本及社会财富等，其最大特征是累积性和可变性。自然资源包括土地、森林、草原、降水、河流、湖泊、能源和矿产等，其特征是有限性，并且其中一些类型的资源是不可再生的。与循环经济研究有关的资源经济学内容包括供求关系，以及价格和税收对供求关系的影响等。

当市场供给量和需求量相等时市场出清，这是市场达到均衡状态，无论是生产者还是消费者都不再有改变价格和数量的动机。是资源使用的重要影响。根据现有的经济学理论，从需求角度看，价格、税收都会对需求量及消费量产生明显影响；从供给角度看，政府的政策会从供给方面对商品投资产生积极的影响和作用。

---

❶（德）马克思．资本论（第3卷）［M］．中央编译局，译．北京：人民出版社，1975：117.

经济理论认为，影响需求量的因素包括商品价格、相关商品价格、收入、消费者偏好等，其中商品价格是影响需求量的首要因素。假定影响商品需求量的其他因素不变，只考察商品价格与需求量的关系。价格与需求量之间的一般关系是：价格上升，需求数量下降；价格下降，需求数量上升。

对商品征收间接税，该税直接影响商品的价格，从而影响商品的需求量。

4. 环境经济学

在交易过程中，未被市场交易包括在内的额外成本及收益被称作外在性。外在性可分为积极的和消极的两类，其划分取决于个人是否无偿地享有了额外受益，或是否承受了不是由他导致的额外成本。

在现实生活中，会出现市场失灵情况，这是由于信息不对等或是信息不通畅造成外在性出现，市场对于物品的配置是缺乏效率的，环境污染是典型的市场失灵。当市场失灵时，必须依靠外部力量，即政府干预加以解决。政府可以通过征税和补贴进行干预，将外部效应内部化，目前在生态保护领域已得到了广泛的应用。

在增加一个人对它分享时，并不导致成本的增长（非竞争性），而排除任何人对它的分享却要花费巨大成本（非排他性）的产品，称为公共产品。环境在很大程度上属于公共产品。对于是公共产品的环境，由于消费中的非竞争性往往导致过度使用；由于消费中的非排他性往往导致供给不足。环境问题的产生，关键在于没有所有者，即使有所有者，所有者只有有限的“所有权”。许多全球环境资源属于这种情况，如大气层、海洋等。由于缺乏所有权，可能导致对它们的忽视或过度使用。人类过度使用空气、水、海洋等看似免费的资源，必将付出无形而巨大的代价。

5. 生态经济学

从经济学诞生之日起，资源配置、特别是稀缺资源配置就是经济学的研究对象。在生态环境逐渐稀缺的条件下，经济学将研究的对象拓展到了生态环境。

生态经济学是循环经济的直接理论来源。它以生态学原理为基础，经济学理论为主导，以人类经济活动为中心，运用系统工程方法，从最广泛的范围研究生态和经济的结合，从整体上去研究生态系统和生产力系统的相互影响、相互制约和相互作用，揭示自然和社会之间的本质联系和规律，改变生产和消费方式，高效合理利用一切可用资源。

生态经济强调一种新的系统观是生态经济是由人、自然资源和科学技术等要素构成的大系统。它要求人类将自己作为这个大系统的一部分来研究符合客观规律的经济原则。生态经济学把资源与环境要素纳入经济增长的内生变量之中，强调以物质循环、能量转换、信息传递和价值增值作为系统分析自然资源与生态环境价值的工具，谋求彻底改变古典经济学指导下的经济发展模式。

循环经济的生态经济学基础包括生态政治经济学、生态计量经济学和生态经济伦理学。

循环经济不仅是技术性的运作方式，而且是一种社会生产方式，因此必须用马克思主义政治经济学的观点对其进行研究。主要包括几个方面：生态生产力包括自然生产力，自然生产力是自然界没有劳动者直接介入的情况下的生产力；生态技术，是遵循生态规律的技术，主要包括污染治理技术、废物利用技术和清洁生产技术；生态生产关系，探讨有利于保护生态的、以公有制为基础的社会主义市场经济运行机制。

生态计量经济学主要研究生态国民经济核算体系，即生态国内生产总值。联合国有关统计机构 1993 年正式出版了《综合环境与经济核算手册》，其中提出了生态国内生产总值的概念，即从现行国内生产总值中扣除环境资源成本和对环境资源的保护服务费用后得到的生态国民生产总值。生态国内生产总值能较准确地说明一个国家的经济产出总量及国民收入的水平，是衡量一个国家发展程度的统一标准。

经济伦理学属于应用伦理学，也是经济学研究的延伸、扩大和具体化。生态经济伦理学则是伦理学、经济学与生态学的交叉学科。经济伦理是内在于市场经济活动的伦理原则和道德规范。经济伦理学主要研究经济价值与伦理价值之间的关系，生态经济伦理学则要进一步研究经济价值、伦理价值与生态价值之间的关系。生态经济伦理学要探讨在不损害社会福利和生态价值的前提下，市场经济主体在经济利益最大化时的行为规范问题。生态经济伦理规范的基本内容包括合理性、正当性原则，自由平等、等价交换原则，效率原则，还包括生态伦理原则。生态经济伦理的实现涉及生态经济、循环经济的制度建设问题。

三、循环经济的发展历程

从历史上看，到目前为止，人类的经济发展模式经历了三个阶段的变化：第一，传统经济模式，以人类自身的需求为中心，以高开采、低利用、高排放为特征，以“资源—生产—流通—消费—丢弃”和“资源—产品—污染物”为社会运行模式和物流模式，没有自觉考虑经济活动对环境的冲击，从大自然不断索取资源，并不加处理地向环境中排放废弃物；第二，末端治理模式，是从人类利益出发，在生产链终点或者是在废弃物排放到自然界之前，对其进行一系列的物理、化学或生物处理，以最大限度地降低污染物对自然界的危害；第三，循环经济模式，是“资源—生产—流通—消费—再生资源”的反馈式流程，运行模式为“资源—产品—再生资源”。

循环经济发端于生态经济，是人类与环境的关系长期演变的产物。循环经济的思想始于 20 世纪 60 年代环境保护思潮兴起的时代。

1962 年，美国生态学家蕾切尔·卡逊发表了《寂静的春天》，指出生物界以及人类所面临的危险。1966 年，美国经济学家鲍尔丁在他的论文《即将到来的宇宙飞船经济学》中提道："地球就像一艘在太空中飞行的宇宙飞船，要靠不断消耗和再生自身有限的资源而生存，如果对现有的资源不加以循环利用的话，它在不久的将来将会消耗完，就会走向毁灭。"这被认为循环经济思想的最早萌芽。这就是有名的"宇宙飞船理论"，可以作为循环经济思想的早期代表。鲍尔丁认为地球就像在太空中飞行的宇宙飞船，这艘"飞船"靠不断消耗自身有限的资源而生存。如果人们像过去那样不合理地开发资源和破坏环境，超过了地球的超载能力，地球就会像宇宙飞船那样走向毁灭。因此，必须进入经济过程思考环境问题产生的根源。

20 世纪 70 年代，国际社会开始有组织地进行环境整治运动，在这一时期循环经济的思想更多的还是表现为先行者的一种超前性理念。1972 年，斯德哥尔摩人类环境会议显示出了人类对环境问题的觉醒。1972 年，巴里·康门勒在《封闭的循环》一书中提出了封闭循环的思路，他认为：要想减少人类物质财富生产对自然环境系统的污染和破坏，解决环境问题，人类生产就要遵循生态学的规律，在技术方式上，建立一种封闭循环的机制。人们并没有积极地沿着循环经济思想发展下去，因为当时世界各国关心的主要是污染物产生之后如何通过治理而减少其危害问题，重视在不改变生产系统或工艺程序的状态下，针对已经存在的环境问题，研究和探索具体的污染治理技术和方法，即环境保护的末端治理模式。

到 20 世纪 80 年代，人们注意到应当采用资源化的方式处理废弃物，开始关注废弃物的再利用，从思想上和政策上对循环经济有所体现。然而，对于污染物的产生是否合理、是否应该从生产和消费源头上防止污染产生等根本性问题，大多数国家仍然缺少思想上的洞见和政策上的举措，经济运行机制本身对环境问题的作用，始终被置于环境保护研究视野之外。

自 20 世纪 90 年代起，人们意识到原有的经济发展模式是一种以牺牲资源和环境为代价的经济发展，从而积极探索一种不降低环境质量和不破坏自然资源基础的经济发展。可持续发展战略成为世界潮流，源头预防和全过程治理替代末端治理成为国家环境与发展政策的主流。1990 年，英国环境经济学家皮尔斯和特纳在《自然资源和环境经济学》一书中首次正式使用了"循环经济"一词，并提出循环经济的目的是建立可持续发展的资源管理原则，使经济系统成为生态系统的组成部分。海因茨·史爵博从资源稀缺的角度提出了循环经济的概念。他认为，循环经济应以大自然为基础，并融于生态圈中，存在有规则的物质和能量的循环，通过太阳能来实现有限的物质的采集、传递、分解。在此基础上，对发展循环经济的可能性和诱因进行了简要的分析。1992 年，里约热内卢环境与发展大会提出了可持续发展的理念。1994 年，德国颁布《循环经济与废弃物管理法》，首次在国家法律文本中使用循环经济概念。2000 年，日本颁布了《循环型社会形成推进基本法》和若干专门法，采用了“循环型社会”概念。

在我国，20 世纪 90 年代初期，工业污染防治开始了“三个转变”，即从“末端治理”向全过程控制转变；从单纯浓度控制向浓度与总量控制转变；从分散治理向分散与集中治理相结合转变，并开始了清洁生产的试点。1992 年，里约热内卢会议后两个月，《中国环境与发展十大对策》公开发表，宣布中国要实施可持续发展战略。1994 年 3 月，《中国 21 世纪议程》颁布，这是全球第一部国家级的《21 世纪议程》。

人们已经认识到与线性经济相伴随的末端治理模式存在诸多局限性，表现在：（1）属于被动处置，不可能从根本上避免污染发生；（2）增加生产成本，在相当程度上抵消了经济增长所带来的收益；（3）会产生虚假的和恶性的经济效益；（4）会加强已有的技术体系，从而牺牲了真正的技术革新；（5）企业只满足于遵守环境法规，而不会致力于研发污染少的生产方式；（6）无法全面兼顾，造成环境与发展以及环境治理内部各领域间的隔阂；（7）在环境治理方面对发达国家的依赖，对发展中国家直接进入更为现代化的经济方式造成了阻碍。

循环经济在世界范围内快速兴起，提出了一系列体现循环经济思想的先进理念，例如，“零排放”“产品生命周期”“为环境而设计”等。一些发达国家还通过循环经济立法，依据法律规则在经济活动中推行物质闭环运动，以减少产品和服务的物质资源使用量，减少有毒物质的排放，强化物质资源的循环使用能力，最大限度地可持续地利用资源。

循环经济发展历程中，也形成了相应的评价方法。

20 世纪 90 年代初，德国和日本对各自国家经济系统的自然资源和物质的流动状况进行了分析，这是物质流分析方法的首次应用，从而揭开了循环经济系统物质流分析方法在世界范围广泛应用的序幕。

生态效率的概念是在 1990 年由瑞士学者沙尔特格和德国学者斯特姆首次在学术界提出的。1992 年，世界可持续发展工商业委员会将其定义为：“生态效率必须提供有价格竞争优势的，满足人类需求和保证生活质量的产品或服务，同时能逐步降低产品或服务生命周期中的生态影响和资源的消耗强度，其降低程度与估算的地球承载力相一致。”可以看出，生态效率是被作为一种商业概念加以阐述的。1998 年，世界经济合作与发展组织认为生态效率是指“生态资源满足人类需要的效率”，它可看作是一种“产出—投入”的比值，这个概念扩大到了政府、工业企业及其他组织。

四、循环经济的发展现状

（一）国外发展循环经济的主要模式与经验

在国际上，循环经济模式从萌芽到现在的体制推进和理论整合，可以粗略分为循环经济的思想萌芽和初步探索阶段（1966~1992 年）、循环经济理论模型发散式研究与表述阶段（1993~2010 年）和 2011 年以来循环经济发展出现新动向（即第三阶段）。

在循环经济发展过程中，德国、日本和美国的发展模式具有一定的代表性。

1. 德国

德国是世界上公认的发展循环经济起步最早、水平最高的国家之一，也是循环经济的倡导者和先行者。德国在循环经济的理论研究与实践经验等方面都独树一帜，已经形成了比较完善的循环经济制度框架，包括有效的社会市场经济政策和完整的循环经济法律法规体系。除正式制度外，德国从民众、企业到政府部门都形成了良好的环保意识，能够主动承担环保责任，成为推动循环经济发展的积极力量。德国循环经济发展的总体战略是以社会生态市场经济为框架，以此改变以往经济发展模式，发展循环经济，实施可持续的生产模式及消费模式，同时促进工业发展和社会发展的创新。德国的循环经济战略措施分为以下三个方面：法律战略措施，对发展循环经济进行全面系统立法；技术战略措施，积极推进科学研究和技术进步，构建循环经济发展的技术支撑体系；教育战略措施，加强全民教育宣传，提升民众对环保、资源节约、生态维系等方面的认识，转变消费理念，使之积极参与到循环经济当中来。德国注重在微观、中观、宏观三个层面推进循环经济发展。德国的“双元回收系统”专门对包装废弃物进行回收利用，该系统也称作“绿点系统”，已经得到广泛认同，并不断推广。

由于德国循环经济起源于垃圾处理，其主要特点如下：第一，德国的循环经济始于“垃圾经济”，因此其废弃物管理的规范化、法制化是其循环经济发展的典型特点；第二，德国的循环经济开始向物质流管理阶段转型；第三，重视循环经济技术开发及市场化；第四，相关组织机构健全高效，并且政府具有较强的执行力。

德国的循环经济发展得益于完善而全面的正式制度，这些正式制度为循环经济的发展提供了有效保障。

德国的最高环境管理机构是德国联邦环境、自然保护与核安全部（以下简称德联邦环境部）。当然一些联邦政府部门也具有部分环境职能，形成完善的行政管理体系。由于德国是实行民主政体的联邦制国家，因此联邦政府进行制度创新时必须考虑各州、各地的情况，既要考虑全局，又要考虑局部。德国的各个政党对于环保和发展循环经济的态度也有所不同，1980 年，绿党与民主党组成了红绿联合政府，使他们的环保主张及政策在德国得以贯彻执行。德国执政党的生态文明观的核心就是从“人统治自然”过渡到“人与自然协调发展”，因此围绕环境问题的有关政治体制和法律体系等成为社会的中心议题，在这种政治制度下形成了诸多推动循环经济发展的具体制度。

德国循环经济立法较早，经过几十年的立法实践已经建立起了较为全面、完善的循环经济法律体系。德国循环经济法律体系中的责任共担原则、公众参与原则、源头预防原则等对于推动循环经济的发展起到了积极的作用。

在市场经济条件下，经济政策是政府干预经济主体行为的主要手段。德国在发展循环经济的过程中，采取了包括排污收费政策、促进循环经济发展的税收政策、鼓励环保行为的政府补贴措施策、对循环经济的金融支持、产业政策扶持、抵押金返还政策等一系列的经济措施。同时还制定明确的废弃物处置定量目标等，以此限制企业及个人的非环保行为。这样便形成了比较完善的激励与约束的双重机制。

建立产品责任下的约束和激励机制，是德国贯彻循环经济有关法规，推进循环经济发展的重要措施之一。德国制定了“谁污染谁付费、谁生产谁回收”等政策，从源头上减少了废弃物的产生。同时，消费者也有义务在产品使用过程中避免废弃物的产生，并在产品报废后使其返回循环过程。政府则负责对产品责任实施好的企业进行激励，反之进行惩罚和约束。这些措施极大地推动了德国循环经济的发展。

如今，德国已拥有全球最高的废物回收利用率，在德国工业使用的非能源类原材料中，已经有14%是由垃圾回收提供的。

2. 日本

日本作为最早探索循环经济发展模式的国家之一，通过科学的循环经济制度安排、适宜得力的发展战略和举措取得了良好效果，使日本成为目前世界上资源利用效率最高、循环经济发展成效最显著的国家之一。日本通过多年的探索已经形成了独具特色的“循环型经济与社会”发展模式，“循环型社会”是指通过抑制废弃物的产生、合理处置废弃物等措施实现资源的循环利用，同时控制自然资源的消费，构建最大限度减少环境负荷的社会，以抛弃20世纪的“大量生产、大量消费、大量废弃”的经济发展模式，谋求经济社会的可持续发展。其特点是有效的政府主导、严密完善的法律政策体系和经济措施，以及企业与民众（家庭）的广泛经济参与。日本发展循环经济的总体战略为：以政府为主导、以严密完善的法律政策体系为保障；以先进的科学技术为支撑，通过企业与民众（家庭）的广泛参与；以“环境立国”的形式建立循环型社会，实现可持续发展。日本循环经济战略体系由政府主导和驱动，政府处于该体系的核心地位；企业是战略的实施主体；民众的自觉参与形成了循环经济发展的社会氛围。

日本发展循环经济、构建循环型社会的方式是以“社会—企业—家庭”为主体，以“静脉产业”为切入点。静脉产业是日本建设循环型社会的重点，包括垃圾的收集、搬运、燃烧、填埋处理，以及再资源化、新产品的再生技术等。同德国一样，日本的循环经济也从垃圾处理入手，以解决废弃物为起点，进而改变整个社会的传统经济模式。日本循环经济发展的特点体现在以下几个方面：第一，以废弃物处置为核心，解决资源循环再利用的问题；第二，大力发展“静脉”产业，以解决严重的环境问题并有效利用资源；第三，日本建设的循环型社会是一种以输入端控制为主的循环经济发展模式；第四，日本循环经济发展模式从其运行机制来看是一种“政府+企业团体+民众”三位一体的机制；第五，日本循环型社会的构建是以大力推动环境技术的研发与创新为技术保障的。

日本在循环经济发展中非常重视制度的构建与创新，成为世界上循环经济立法体系及其他各项制度最完善的国家，为循环经济发展及创建循环型社会提供了强有力的制度保障。

日本的政治制度采取的是中央集权的模式，实行以立法、司法、行政三权分立为基础的议会内阁制。日本环境法律法规的制定、经济政策的形成以及实施体现出了比较明显的中央政府主导的特点。2001 年，日本环境厅正式升格为环境省，2005 年 10 月，环境省又设立了地方环境事务所。此外，中央一级很多部门也协同中央政府行使部分环境管理职能。在日本，除了中央一级的环保机构之外，都道府县和政令指定型城市的环境管理机构、政令城市的环境管理机构、地方环境管理体制也都比较健全，地方政府在解决环境问题上也发挥了非常重要的作用。

日本循环经济的实行首先从制度的制定开始，利用制度进行强制和引导。制度是一系列被制定出来的规则、守法程序和道德伦理规范，它旨在约束利益主体追求福利或效用最大化的个人行为。

日本在发展循环经济、构建循环型社会的过程中，除采取有效的法律制度安排之外，还辅之以经济手段促使企业加快循环经济相关研发和实践的步伐。日本循环经济激励制度主要包括税收、价格、信贷等政策，同时建立生态恢复和环境保护的经济补偿和处罚机制，引导企业自愿、自觉地发展循环经济。日本的环境保护制度规定民众拥有“环境权”，因此，任何项目的开发都不能无视当地民众的利益和意愿，不允许开发者独断地支配和利用区域内的环境。民众有权参与跟自己利益有关的环境问题的决策并发表意见。在信息公开和民众参与的前提下，形成公平、公正的项目开发决策过程，以此预防环境污染和公害的产生，尽量减轻开发行为对环境可能造成的不良影响。日本以法律的形式规定了以生产者责任为核心并加以延伸的全面、多维、立体的责任制度。

3. 美国

美国不仅是循环经济实施较早的国家，更是提出和推行循环经济概念较早的国家之一。如今，美国循环经济的发展已经取得一定成就。美国的循环经济发展主要体现在环保和可持续发展上，在其战略目标的实施过程中较好地体现了循环经济的七大原则：第一，加强废弃物管理，控制和减少污染，建立应急反应系统，减少风险；第二，对大气和水资源进行保护；第三，确保食品安全；第四，加强国民对环境信息的了解能力和知情权；第五，实施科技创新，强化科技在环保和循环经济及社会经济可持续发展中的作用；第六，加强制度创新和管理创新，确保环保法律法规及政策的有效实施；第七，减少跨国界乃至全球的环境风险。美国作为公认的科技、经济最发达的国家，在循环经济发展方面也走在了世界前列，且有独到之处。但由于美国三权分立的政治制度，在循环经济发展中，联邦政府并未能对循环经济的发展模式进行探索和创新，而更多的是各州、各地方政府、各企业根据自身的情况发展循环经济，不同于日本政府提出建设循环型社会这样明确的目标和发展模式。

美国循环经济的特点主要表现在：第一，理论研究和舆论呼吁对于循环经济的发展有着重要的影响，形成了一种自下而上的诱致性的制度变迁；第二，美国以循环消费作为切入点发展循环经济；第三，美国注重利用市场机制优化资源配置并协调利益关系；第四，美国循环经济发展呈现出在联邦政府统一框架下的州和地方“自治型”的特点；第五，政府的示范和民间组织的推动作用共同促进了循环经济的发展。美国循环经济发展模式可以分解成微观模式（以杜邦模式为代表的企业内部循环）、中观模式（联邦政府推动下的生态工业园区建设）、宏观模式（全社会范围内的循环型生产和消费）。其中，从宏观角度，在生产领域将生产废弃物及废弃产品回收再利用，重新作为生产原料投入生产环节，形成循环型生产。美国的废弃物的分级处理大大提高了回收利用的效率，美国不仅重视对废品和垃圾进行处理加工使其成为再生资源，同时也十分重视循环消费。所谓循环消费，就是一件物品被淘汰时，根据其使用价值转让给有需要的其他人使用，待物尽其用时再作为废物处理掉。除了民间的庭院市场、旧物店以及网上旧物买卖市场外，政府还为鼓励循环消费开办了免费供民众和企业进行旧货交易的网站。

美国发展循环经济的制度创新把强制性制度创新和诱致性制度创新结合在一起，构建了比较完善的循环经济法律法规体系，制定了有效的循环经济发展政策。同时重视非正式制度的建设，较好地推动了循环经济发展，建设消费型循环型社会。

美国的循环经济起源于环境保护，所以构建了一套较严格健全的环境管理制度，强化政府的环境管理职能已成为美国政府有效地解决环境问题的重要手段。作为一个联邦制国家，美国联邦政府设有专门的环境保护机构，对全国的环境问题进行统一管理；联邦各部门也设有相应的环境保护机构，分管其业务范围内的环境保护工作；各州也都设有环境保护专门机构，负责制定和执行本州的环境保护政策、法规、标准等。因此，美国的环境管理体制较为健全。美国环境行政管理由以行政手段为主向以市场为基础的经济手段转变收到了较好的效果。

美国通过法律和相关制度明确规定各利益相关方的责任，鼓励各方广泛参与循环生产与消费。美国的循环经济法律法规制度不同于德国和日本，到目前为止还没有循环经济的基本大法（美国将循环经济的法律法规都称为环境法）。对于环境污染的治理，美国最初是用普通法中的侵权规则加以救济，后来才开始制定成文的生态环境保护法律，形成了较完善的环境方面的法律体系。美国循环经济的法律法规包括四个层次：综合性的循环经济法律；专项的循环经济法律法规；在其他相关法律法规中充实能够促进循环经济发展的规定；各州的循环经济法律法规。由于美国实行三权分立的政治制度，联邦政府制定的法律并不多，主要是各州的立法比较多。随着美国社会经济的发展，环境法律法规内容虽有调整，但其核心内容基本不变：鼓励节约能源；充分合理利用现有资源，特别是不可再生资源；大力促进可再生能源的开发利用。

美国政府通过财政税收手段，鼓励再生资源的开发和利用，资助与此相关的科研项目，为可再生能源的有关项目提供抵税优惠、减免税优惠政策。相对的，美国政府同时设立了处罚性税收政策。对于一些环保行为，以及相关技术创新，政府会给予一定的奖励，针对非环保行为则设置收费政策。政府直接拨款及投资兴建环保项目，同时推动政府的绿色采购行为。美国环境政策的制定与实施注意保护环境与发展经济的关系，兼顾社会多元主体的不同利益和要求。

美国是世界上最早实行环境影响评价制度的国家之一。自 1969 年发布《国家环境政策法》以后，就制定了环境影响评价制度。环境影响评价制度是为解决项目开发和经济活动在对环境与资源的利用中普遍存在的经济利益与环境保护相冲突的问题而制定的一项重要法律制度。美国环境影响评价的范围非常广，包括法律行为和行政行为，还包括上至政府决策、立法，下至项目建设等内容。

（二）我国循环经济发展现状

在循环经济的理念进入我国之前，人们已经注意到经济与环境的关系，并且进行了与循环经济相关的活动。1973 年，第一次全国环境保护会议上，国家计划委员会拟定的《关于保护和改善环境的若干规定》中就提到了努力改革生产工艺，不生产或少生产废气、废水、废渣；加强管理，消除跑、冒、滴、漏。1983 年，国务院颁布的《关于结合技术改造防治工业污染的决定》，要求把“三废”治理、综合利用和技术改造有机结合起来，并采用能够使资源、能源最大限度地转化为产品，污染物排放少的工艺替代污染物排放最大的工艺。

1998 年，循环经济理念由同济大学的诸大建教授引入中国，中国真正的循环经济理论与实践研究才开始起步。从多年的工业实践中取得了许多可贵的经验，随着治污经验的积累，污染治理由末端治理向端头和全程管控发展，多种管控方式和科学技术的发展，使循环经济的内容得到进一步丰富。

从 2012 年起，中国生活垃圾清运量逐年增长。全国生活垃圾清运量预计 2020 年将达到 2.65 亿吨，较上年增加 7.5%。如图 1-1 所示，中国可回收利用资源价值高，且不断增长。2017 年，中国废钢铁及废有色金属回收价值达到 3043.4 亿及 2079 亿元。

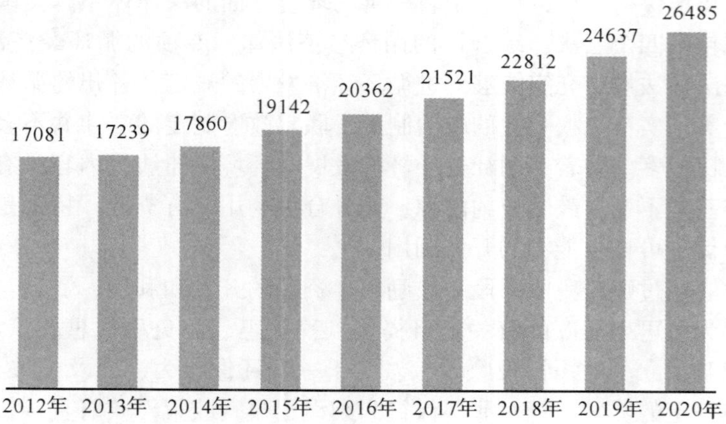

图 1-1　2012~2020 年中国生活垃圾清运量及预测
（数据来源：国家统计局，艾媒数据中心）

循环经济理念在这十几年的时间里产生了广泛的影响，尤其是引起了党中央的高度重视，并且把“大力发展循环经济”写进了十六届四中全会、五中全会的决议，循环经济理论与实践方面的研究才进一步迅猛发展。

2018 年，我国人均国内生产总值已达 64644 元人民币（数据来源：国家统计局），根据世界银行数据，已经接近中等偏上收入国家的平均值。这个阶段，经济发展与能源之间的矛盾日渐加深，生态建设和环境保护的整体形势也日益严峻。面对这种情况，按照科学发展观的要求，大力发展循环经济就显得尤为重要和迫切。

第二节　循环经济法

一、循环经济法的基本内涵

法律是由享有立法权的立法机关行使国家立法权，依照法定程序制定、修改并颁布，并由国家强制力保证实施的基本法律和普通法律总称。法律是法典和律法的统称，分别规定公民在社会生活中可进行的事务和不可进行的事务。循环经济法是从法律层面平衡循环经济中各主体利益的法律机制，它通过对循环经济利益的确认、保护和调整来实现社会整体福利。循环经济利益的实现过程就是利益与法益的互动过程。

循环经济法就其调整关系的范围和所规定的内容而言，属于经济法范畴，是实体与程序兼具的法。

循环经济法除了具有法的一般特性之外，还具有特殊性。第一，循环经济法理念价值的独特性，因为，循环经济法属于“经济”之法，具有突出的经济性，体现出人与自然、经济、社会与环境资源协调可持续发展的理念，体现出公平、秩序等。第二，循环经济法基本内容具有科学性，其制度必须遵循循环经济的客观规律和基本原理，包括自然生态规律、市场经济规律和国家干预原理等。第三，循环经济法有适用领域的特定性，循环经济法律制度适用于循环经济发展过程中所产生的特定社会关系领域，主要是在减量化、再利用和资源化活动中所产生的社会关系。

循环经济法具有引导作用、保障作用、促进作用。

（1）引导作用。循环经济的发展是一场变革式的社会实践，需要有明确的导向系统。循环经济法制拥有规范性、强制性的特点，能为循环经济实践提供明确的导向系统。明确循环经济法制规范的重大特征，就是在确定人们的行为模式的同时规定法律后果，明确行为边界，以及主体义务。

（2）保障作用。循环经济发展是经济发展的必然选择。必须通过法制将有关政策措施定型化、法制化，上升为国家意志，这样增强了循环经济实践的严肃性，确认其目标不可撼动，不会因其他因素而妨碍其发展，为循环经济的实施和发展提供法律保障和依据。

（3）促进作用。法制的促进作用包括：法律为市场的发展创造条件，提供机遇；认识和利用市场经济的规律，促进市场经济健康发展；确认政府职能的转变，促使它更好地为市场经济服务。良性的经济活动要求做到效率与利益兼顾、正义公平、协调、统一、安全，而这些都需要相应的法律做保障和支持才能达到。

二、循环经济法的法理分析

（一）循环经济法的理念

由于循环经济本质上是一种生态经济，是强调经济和生态环境协调发展的全新经济模式，这种发展模式是集社会、经济、技术于一体的复杂系统，它要求有全新的制度安排保障其运行。

没有有效的制度保障，再高端的循环经济技术也难以得到有效利用。因此循环经济不仅是一种新的经济运行方式，同时也是一种新的制度安排。在循环经济中把生态环境和自然资源看成是稀缺的共有福利资本，因而要求把自然资源和生态环境都纳入经济循环过程中来参与定价和分配。循环经济对主体利益讨论时，要求使外部成本内部化、外部效益内部化，实现资源供给与生态环境的均衡，最终在保证经济增长的同时还能实现社会福利最大化和社会公平。对于这种新型模式变革，在法律制度方面也需要创新，一般有两种方式：一种是强制性制度创新；另一种是诱致性制度创新。

传统环境法为了应对工业文明时代造成的环境问题而做出相应的调整，但始终没有突破"人类中心主义"等立法理念，始终没有解决好人类社会经济活动与生态环境之间的关系。

循环经济法是在环境法的基础上发展起来的新兴法律。而且深受生态文明理念的影响。

生态文明理念对人类思想观念的影响是根本性的，人类自然观发生变革、形成了生态伦理观，以及新的发展观。自然被当作人类的伙伴，不仅关注人类自身的伦理关系而且关注人与自然的伦理关系，不仅关注经济发展而且关注人与自然的共同发展，这些是生态文明区别于工业文明的基本标志，是生态文明的基本理念。

循环经济法顺应生态文明的要求，转变传统环境法的法理念，以发展循环经济为主要途径实现人与自然的和谐，实现生态化转变。循环经济法理念的生态化，实现五个方面的转变：(1) 从"经济利益优先"向"生态利益优先"转变；(2) 从"末端治理"向全过程控制转变；(3) 从"物为我用"向"物尽其用"转变；(4) 从"资源无价"向"资源有价"转变；(5) 从过度消费向"绿色消费"转变。这些转变都是生态文明对于循环经济法律理念的具体要求。

(二) 循环经济法的本位

法律本位是我国学者在20世纪三四十年代提出的一个原创性的命题，也是法律理论的一个元理论问题。"法的本位是关于在法这一规范化制度化的权利义务体系中权利和义务何者为主导地位（起点、轴心、重心）的问题。"[1] 法的本位是法的逻辑起点和立法取向，是法律制度的出发点和归宿。因此，循环经济法本位的确定，既是循环经济立法的起点，又将决定循环经济立法模式的选择和基本原则的构建。

大陆法系关于法律的基本分类为公法与私法，这是两个相互对立而又彼此关联的法律领域。一般倾向于认为，调整国家与组织和私人之间不平等关系管理活

---

[1] 张文显．法哲学范畴研究［M］．北京：中国政法大学出版社，2001：345.

动的法律为公法，调整私人之间平等关系的法律为私法。

但是随着国家对经济生活领域控制的加强和法律社会职能的凸显，传统的公私法分类已经出现了危机。首先，国家政府权力的扩大，促成私权的缩小；再者，国家扩大了对经济生活的干预，公法对私人活动的控制日益增强；然后，由于政府职能的扩大，公法领域引入了部分传统的私法调整方式，或是公法间接引入私法调整方式，私法关系向公法领域延伸；还有，社会团体兴起又在传统的作为私法主体的个人、企业和作为公法主体的政府之外产生的非政府非营利组织；最后，大陆法国家中一些非公法也非私法的法律部门已经产生和完善起来，而这些新兴法律的产生和发展冲淡了公私法划分的边界。

新兴法律领域的产生，使人们意识到在公法和私法之外还存在着第三法域，即以社会本位为特征的社会法领域。社会法是国家为保障社会利益，通过加强对社会生活干预而产生的一种立法。社会法的调整方法是通过国家干预，对所有权、契约自由、意思自治等私法权利进行限制，积极创造条件保障健康权、劳动权、环境权等社会经济权利的实现❶。社会法的出现，是法律发展的重大变迁。

社会法具有区别于公法和私法的特征，三类立法在不同的本位思想指导下分工合作。私法以个人利益为本位，通过市场调节机制追求个人利益最大化以及交易安全；公法以国家利益为本位，通过政府调节机制追求国家利益最大化以及国家安全；社会法以社会利益为本位，通过社会调节机制追求社会公共利益最大化以及社会安全。❷

环境法和循环经济法正是代表社会公共利益本位、优先追求社会义务承担的社会法。

工业文明时代的传统法律大都是以权利为本位的，但是在权利得到充分张扬之后，对环境肆意破坏，人类才遭遇了严重的环境危机。环境法正是在这种情况下，对现代法律进行改革，以人与自然的和谐为首要价值取向，把对传统法律权利实行限制作为重要手段。环境法在客观上要求人们从认识和法律上修正现有的权利本位观点，树立以人类整体利益为导向的环境义务本位观点，使国家、法人、公民等权利主体承担起更多的环保责任。环境法是强调更大群体——人类的环境权。人类环境权概念和环境义务本位观的树立宣告人类正告别对自然世界的绝对权利的工业文明时代，而走进以强调环境义务为特征的生态文明时代。❸ 这充分体现了社会法时代对于社会义务和公共利益的追求。

循环经济法循着环境法发展的轨迹，同样体现的是社会法所追求的社会利益本位。循环经济立法优先追求各个主体对社会义务的承担。循环经济法是同时强

❶ 董保华．社会法原论［M］．北京：中国政法大学出版社，2001：14.

❷ 董保华．社会法原论［M］．北京：中国政法大学出版社，2001：54.

❸ 徐祥民．对“公民环境权论”的几点疑问［J］．中国法学，2004（2）：109-116.

调强制性义务与倡导性义务的义务本位法，是社会公共利益本位法。

传统环境法在调整手段上主要是“管制型立法”，主要依靠行政主管部门的管制手段来加强环境保护工作。随着社会经济的不断发展和政府治理方式的不断改进，环境保护领域越来越多地出现了以激励引导为取向的促进式手段，而循环经济法是“管制型立法”和“促进型立法”的有机融合，是一种新型立法。“管制型立法”主要解决“需求”问题，属于“后置性”的。“促进型立法”则不同，主要解决“供给”问题，具有积极的市场导向和社会导向功能，对社会发展具有引导意义。“促进型立法”主要是通过“引导”的方法鼓励社会经济或某一（些）产业、事业的发展，其具体措施主要包括指导、鼓励、扶持、推动等。政府的行政功能由“管理行政”为主转向了“服务行政”为主。

管制型立法对义务提出了强制性要求，促进型立法对义务提出了倡导性要求。管制型立法与促进型立法相结合的特点，使循环经济立法充分体现了对社会义务的本位追求。

（三）循环经济法的定位

法律部门的传统划分标准是按照调整对象。法律调整领域十分广泛，包括经济、政治、文化、民族、家庭等方面。法律调整对象，即社会关系构成了划分法律部门的首要标准。

但是随着社会的发展、经济的进步、法治的昌明和法学研究的不断成熟，人们逐渐认识到，社会关系是复杂多层面的，相互联系不可分割，而法律调整对象作为社会关系的法律化，也不是能被截然分离的。在实际运用法律中，对同一法律关系的处理往往需要综合运用两个或是两个以上的部门法。因此，传统的法律部门划分不能满足复杂的社会关系需求。

利益分析作为一种重要的法学研究方法，是理解各种社会主体本性及其运行趋势的重要工具。正确的利益分析对于循环经济法的定位非常重要。

经济利益和环境利益就是人类需求的两大基本利益。环境利益是指在满足大多数人需要的同时保护和优化生态系统，保持生态生产力可持续运行能力，以满足全人类整体和长远需要的效益。自然资源是人类获得经济利益和环境利益的重要来源，但是环境利益的实现形式与经济利益不同，因此环境利益往往被忽视。因此，环境利益相对经济利益来讲成了弱势利益，为了利益衡平公平，法律需要对环境利益受损救济与环境利益的增进做出适当的倾斜。

环境利益与经济利益均为同质同源正当利益，因此不能简单地评定双方的优先顺序，而是要强调两种利益的共生协调和双赢。正是注意到环境利益与经济利益冲突的特殊性，通过对环境具有的多样性利益予以确认和平衡，立足于环境利益的维护和增进，环境法才成为一门独立法律部门。

在循环经济法的立法过程中，对于该法是经济法还是环境法在法律理论界和实务界就出现了不同认识。循环经济法的定位问题非常重要，因为定位就说明了规定的重点，如果是经济法，那就要从发展经济的角度考虑企业如何高效地进行生产；如果是行政法，那就要考虑选择什么样的行政控制手段来规范循环经济；如果是环境法，那就要从生态环境保护的角度去规定。❶ 循环经济法的定位还涉及立法的方向问题。

从国内背景看，循环经济立法是基于我国经济发展遭遇资源短缺和环境污染的双重制约，而我国现有立法不能提供法律保障而提出来的。而资源短缺和环境污染问题在本质上都属于广义的环境问题。

从循环经济法的直接立法目的看，该法以高效节约资源和科学保护环境为直接立法目的。而循环经济法又是以保障和促进可持续发展为最终目的。而且循环经济法是以循环经济发展模式为立法任务的。

循环经济法的主要调整对象包括关于发展循环经济的管理活动、资源开发利用活动、清洁生产活动、流通活动、服务活动、绿色消费活动、废物回收活动、循环利用活动、无害化处置活动、循环型产品的再商品化活动等。循环经济是一种体现环境和生态要求的新兴经济增长模式。因此，循环经济法兼具了经济法和环境法性质的规则，但就其实质上的调整目的和价值追求而言，循环经济法是一部资源节约和环境友好型的环境法。

循环经济法的调整方法具有经济法的特征多一些，但从制度设计的根本目的来看，主要目的上体现的是环境保护的要求，属于环境法范畴的具体制度。

因此，从循环经济法的产生背景、立法目的、调整对象及调整手段和主要制度来看，不管其形式上是如何的，循环经济法都以环境利益为本位，从其本质、宗旨、立法目的和立法任务等深层次上看，循环经济法是一部融合经济法部分调整内容和调整手段的新型环境法，应当属于环境法的范畴。

（四）循环经济法的基本原则

法律原则是法哲学和部门法中的一个重要范畴。它是指法律的基础性真理或原理，直接地反映出法的内容、法的本质，以及社会生活的趋势、要求和规律性，是一个法律部门区别于其他法律部门的一个很重要的标志。

法律原则是法律理念在法律规范中的相对具体化，但又是法律规范中具体法律制度的原理指导。根据法律原则覆盖面不同，可将原则分为基本法律原则和具体法律原则。❷ 基本法律原则为立法之本，而具体法律原则也称为具体原则，它是基本原则的具体化，构成某一法律领域的法律规则的基础或出发点。具体原则

❶ 王灿发．循环经济立法的必要性及其定位［J］．东南学术，2006（3）：162.

❷ 张文显．法理学［M］．3版．北京：高等教育出版社，2007：123.

不能与基本原则相违背和抵触。

关于循环经济法的基本原则，目前理论界的研究并不多见。有的学者认为，循环经济法的基本原则包括：减量化、再利用、资源化原则；政府引导、市场调节、企业实施相结合原则；扶持与强制相结合原则；鼓励技术创新的原则；公众参与原则。❶ 有的则认为，循环经济法的基本原则包括：预防优先原则；循环利用原则；合理处置原则；适当分责原则。❷

建议可以从以下几个标准来考虑循环经济法的基本原则：一是循环经济法的基本原则所体现的价值观念，以及在制度中体现的具体化；二是循环经济法的基本原则应当能够表明循环经济法与其他法的基本原则的区别，即体现出自己的特征性；三是循环经济法的基本原则应当具有普适性，能够贯穿于立法、执法、司法和守法的全过程，全过程能够共同适用的基本指导准则，而不是片面适用的准则。

因此，循环经济法的基本原则虽然是立法的指导思想，具有理念和价值性，但它必须具体化，并且必须由法律加以明确规定或者在法律规范中体现出来。循环经济法的基本原则应当反映循环经济法的基本理念要求。循环经济法的基本原则是具有普遍适用性的根本准则。

循环经济法是以生态文明理念为指导，我国已经颁布的有关循环经济法律法规的基本原则应当确立为减量化、再利用和资源化原则和共同责任原则。这两个基本原则最能体现循环经济法的生态文明理念以及人与自然和谐发展的价值追求。

三、循环经济法的立法概况

（一）国外循环经济的立法概况

立法是历史和时代的产物，是经济社会发展的客观要求和必然结果。循环经济立法是循环经济不断发展的客观要求。

循环经济作为一种有效平衡经济增长、社会发展和自然环境保护三者关系的经济发展模式，首先被经济发达国家所采用，经过长期的实践，许多发达国家或地区已经处于循环经济的法制化、社会化应用阶段，将循环经济具体实施要求法制化，通过法律规范推动和保障循环经济的发展和循环型社会的形成。

发达国家和地区的循环经济立法体现出以下趋势：循环经济法的理念不断进化，法的目标不断进步，法的体系逐渐完备，结构日趋合理，制度日益健全，内容日臻完善。

---

❶ 王灿发，李丹．循环经济法的建构与实证分析［J］．现代法学，2007，（4）：109.

❷ 董溯战．循环经济法的基本原则新论［J］．西南政法大学学报，2008（4）：20-28.

循环经济法的理念随着社会和科技技术的发展在不断进化。法的理念与目标，直接决定法律关注的重点和法律的功用，影响法律的实施。在循环经济立法的历史进程中，各国循环经济法的理念虽各有差异，但均在不断进化，日趋科学。

循环经济法的目标也随着理念的发展在不断进步。各国的循环经济法目标的发展脉络基本都体现为：废物的末端处理—防废物产生—综合污染控制—发展循环经济建立循环型社会。

循环经济法的体系和结构也在逐渐完备。循环经济法的体系主要反映循环经济法的调整范围，循环经济法的结构主要反映各循环经济法之间的关系。从各国的情况来看，循环经济法的体系逐渐完备，其涵盖的范围日益广泛，从最初调整生产领域的废物产生和处置活动，到现在基本上都扩展到调整生产、流通、消费和最终处置等社会生产和生活中各个领域的活动。

在循环经济法的体系逐渐完备的同时，法体系内部各法律之间的结构也日趋合理。循环经济法逐渐涵盖生产、流通、消费和废弃物处置等各个环节，各循环经济法之间构筑起推动循环型社会发展的有机法律整体。

循环经济法律制度是具体的法律规定，在法的理念与目标不断进化、法律体系和结构日趋合理的同时，各国循环经济法律制度也日益健全。

循环经济法的理念与目标、循环经济法的体系与结构还有循环经济法律制度，都是通过循环经济法的内容（具体法律条文）体现出来的，因此随着循环经济法制的不断进步，循环经济法律内容日臻完善。

西方多数发达国家都是从工业时代开始发展循环经济的。但是每个国家由于各自经济社会发展面临的主要矛盾不同，发展循环经济起步时的“切入点”和推进力度，也都因国情不同而又不同的选择。

1. 德国

目前，德国的环境政策由三项原则组成：分别为“预防原则”“污染者付费原则”以及“合作原则”。在德国，任何生产活动、各种生活行为都以环保优先为原则。在保护环境的前提下，废物经济管理贯穿于整个经济循环之中。德国废物管理政策的目标就是实现一种面向未来的环境保护和可持续的循环经济，其政策重心是环境和资源保护，且避免再污染和再破坏。

德国在1935年颁布了《自然保护法》，但是真正意义上的环境法则是在二战后。

德国循环经济的发端是从垃圾处理开始的。在德国，“垃圾处理”指的是垃圾得到尽可能的重新利用、回收再利用。

1972年，德国颁布《废弃物处理法》，成为第一个系统的应对固体废物问题的欧盟国家。

1986 年，《垃圾预防和管理法》取代之前的垃圾管理法，并建立了“减量化、再利用、循环利用”的实施原则。

20 世纪 90 年代，当时的德国围绕废弃物排放的处理方式进行了深层次的讨论，德国提出了：资源必须高效合理地使用；废弃物必须充分地再资源化；垃圾不能简单地掩埋或焚烧而必须循环再利用的原则。这三个“必须”反映了循环经济的核心思想。

1991 年 6 月，德国政府通过了《减少包装物垃圾条例》，用以解决 1980 年底德国出现的垃圾填埋场容积达到上限，土地资源日趋紧张的问题。3 年后，又以《物质循环垃圾管理法》对《减少包装物垃圾条例》进行了补充和扩增。《物质循环垃圾管理法》的第三部分“产品责任”在 1996 年生效。

1992 年，德国通过了《限制废车条例》，规定汽车制造商有义务回收废旧汽车。

1972 年至 1996 年是德国循环经济发展的第一阶段，这期间主要是从废弃物末端处理入手，逐步发展到循环经济发展模式被正式确认。

1996 年至今，循环经济模式得以普遍推行，德国进入循环经济不断完善、大规模发展的阶段。

1998~2005 年，《减少包装物垃圾条例》进行了修订，成为德国环境法规框架的主要组成部分。

德国的《循环经济和废物处置法》是该国发展循环经济的代表性法律规范，是德国发展循环经济的代表性法律。该法主要内容包括：立法目的是为了发展循环经济、保护自然资源、确保废物按照有利于环境保护的方式进行处置；规定了废弃物的产生者、拥有者和处置者的权利和义务；规定开发、生产加工和经营产品者承担产品责任；规定要制定废弃物处置的实施计划；法律规定废物的利用和处置要处于主管部门的监测之下。另外，该法还对公众义务、废物处置人员和主管部门的咨询义务、产生废物的企业组织的通知义务等做出了明确而严格的规定。

可见，德国废物管理法律制度的目标就是实现一种面向未来的、可持续发展的循环经济。

此后，德国相继出台了一系列相关的法律法规，见表 1-1。

表 1-1 德国循环经济相关部分法律法规

制定/颁行时间	法律法规
1972 年	《废弃物处理法》
1974 年	《控制大气排放法》
1976 年	《控制水污染排放法》

续表1-1

制定/颁行时间	法律法规
1983 年	《控制燃烧污染法》
1984 年	《废弃物管理法》
1998 年 4 月 1 日	《废旧汽车处理条例》
1998 年 10 月 1 日	《废电池处理条例》
1991 年	《避免和回收包装品条例》 《包装品条例》
1994 年	《循环经济与废弃物管理法》
1999 年	《垃圾法》 《联邦水土保持与旧废弃物法令》 《电子废物和电子设备处理条例》
2000 年	《2001 年森林经济年合法伐木限制命令》
2000 年 12 月 21 日	《市政垃圾填埋条例》
2001 年	《社区垃圾合乎环保放置及垃圾处理场令》
2002 年	《持续推动生态税改革法》 《森林繁殖材料法》 《废木材处理条例》
2003 年	《再生能源法》修订
2005 年 3 月 16 日	《电子电气设备法》
2006 年	《包装条例》第四修正案 《废车条例》第一修正案 《简化垃圾监控法》
2007 年	《包装条例》第五修正案
2009 年	《电池法案》
2012 年	《促进循环经济和确保合乎环境承受能力废弃物管理法》

2000 年 12 月 21 日，德国联邦议会通过《市政垃圾填埋条例》，规定最迟在2005 年以后将不再有未经处理的垃圾做填埋处理，此目标已经实现。

1999 年 8 月 20 日，德国联邦环境署提出未来市政垃圾处理的指导性策略：到 2020 年，不但玻璃、纸类、纸板、有机废物和塑料垃圾要回收，其他所有的市政废物都要完全回收。

德国具有完备的垃圾收集系统，包括取系统和送系统。在德国，每个家庭都要将垃圾分类至 3 个垃圾桶：报纸、有机物和杂物，垃圾桶有专人定期上门收取。大型家用电器也提供上门收取服务。居民也可将金属、垃圾送到专门地点。居民每年的垃圾处理费用为人均 93 欧元。

德国对建筑垃圾的回收有严格的分类，即本土、钢筋、瓦砾都专门回收，并可再用。从国家管理的垃圾回收来看，综合利用率达 82%。此外，由于联邦环境包装条例的实施，3600 吨的商品包装得到了分类回收和再利用。2003 年后，德国开始实施为饮料一次性包装支付押金的规定，即对于矿泉水、啤酒和含碳酸的清凉饮料的玻璃、金属和塑料包装收取 25 欧分（容量超过 1.5 升的为 50 欧分）的押金，在退包装时返还，以便更好地利用这些材料。[❶]

发展循环经济在减少资源消耗的同时，也为德国创造就业机会和进行技术革新提供了动力。德国民众的环保意识很强，民众都能自觉地将不同的垃圾分类投放，从而保证了垃圾的处理和再利用。

德国大约已有 8000 余部联邦及各州的环境法律和法规，此外还有欧盟的 400 多个法规在德国也具有法律效力。德国关于循环经济的立法及其实践，对世界各国产生了巨大影响，自 20 世纪 90 年代以来，日本、欧盟各国等经济发达国家，都不同程度地依据德国循环经济的思想制定或修订了本国的废物管理的法律规范，效果颇为显著。1995～2017 年，欧盟各国填埋比例减少 40.92%，焚烧比例增加 13.96%，回收和堆肥资源化比例大幅度增加 35.54%（数据来源：欧洲统计局）。

2. 日本

日本是一个岛国，受地域限制，土地、矿产资源贫乏，能源供给依靠进口。在现代工业体系带来经济快速发展的同时，资源的消耗问题和环境的污染问题日益加剧，并形成了以“大量生产、大量消费、大量废弃”为特征的社会经济体系。

自 20 世纪 50 年代始，日本开始出现零星的公害立法，如 1958 年的《关于工厂排水等的限制的法律》和《关于公用水域的水质保全的法律》、1962 年的《煤烟控制法》。

在 20 世纪 60 年代之前，日本的环境管理工作还未受到重视，基本没有提上政府行政管理日程。

20 世纪 60 年代开始，日本政府有计划地着手制定废弃物循环利用相关法律制度。日本循环经济立法主要集中在废弃物的循环及相关资源的综合循环利用方面。日本的国家环境管理工作正式起步于 1967 年。这一年通过的《公害对策基本法》明确了国家在保护国民健康和维护生活环境方面的重要责任，即制定防治公害的基本对策和综合措施，并付诸实行。

进入 20 世纪 90 年代，日本的环境保护开始从末端治理战略和政策转向从生产和消费源头防止污染的源头预防，实现了发展战略和政策的一次突破。

1993 年，日本国会颁布《环境基本法》。《环境基本法》中包括了环境影响评价制度。1997 年 6 月，《环境影响评价法》正式颁布实施。

---

❶ 张小冲，张学军．循环经济发展之路［M］．北京：人民出版社，2006：31.

1994 年 12 月，日本内阁制定了环境基本计划，首次提出“实现以循环为基调的经济社会体制”的构想。1997 年 7 月，日本通商产业省（现为经济产业省）产业结构协会提出了一份题为《循环经济构想》的报告，提出了建设循环经济的构想。1998 年日本制定“新千年计划”，把循环经济作为构建 21 世纪日本社会发展的目标。

日本在循环经济发展中非常重视制度的构建与创新，为循环经济发展及创建循环型社会提供了强有力的制度保障。日本是目前世界上循环经济立法最为完善的国家，其促进循环经济发展的法律法规体系可以分成三个层面：一是基本法；二是综合性的法律；三是专项法。

2000 年被视为“循环经济社会元年”，日本召开了一系列被称为“环境国会”的会议。

2000 年 5 月，日本召开“环保国会”，参众两院表决通过修订了的《建设循环型社会基本法》《资源有效利用促进法》等多项法规，提出了建立“环之国”的思想，即创建循环型社会的国家目标。

《建设循环型社会基本法》（其后简称“基本法”）于 2000 年 6 月颁布，并于 2001 年 1 月生效。这部法律确立了 21 世纪日本经济、社会和环境保护的对象——建立循环型社会，它标志着日本环境法理论和实践迈入了新的发展阶段。按照基本法，“循环型社会”要求：（1）防止污染物产生；（2）促进废物回用资源化（包括再利用、再生产和热量回收）；（3）保证适当的废物处置率。该法旨在建立基于当代和后代的可持续发展考虑的循环型社会。与该法相辅相成的是 2000 年《新环境基本计划》和 2003 年《促进循环型社会建设基本计划》。

以“基本法”牵头，由一系列专门法律组成，形成了推动循环型社会建设的法律体系。在基本法的统领下，制定了一些重要的循环型社会专项法。包括：《资源有效利用促进法》《容器和包装物的分类收集与循环法》《废物管理和公共清洁法》《家庭电器回用法》《建筑材料回用法》《食物回用法》以及领跑者计划、绿色采购等相关法律。这些不同的单项法律从不同的领域支持着基本法的具体落实，见表 1-2。

表 1-2　日本的循环经济立法状况❶

类别	数量	法规名称	制定、修订与实施年限
基本法	1	《促进建立循环型社会基本法》	2000 年 12 月制订并实施
综合性法律	2	《固体废弃物管理和公共清洁法》	1970 年制订，1991 年修订
		《促进资源有效利用法》	1991 年实施，2001 年 4 月修订

❶ 郝家龙．循环经济与资源城市成长路径［M］．长春：吉林出版集团有限责任公司，2016：283.

续表1-2

类别	数量	法规名称	制定、修订与实施年限
具体法规	6	《容器包装循环法》	1995 年制订并实施
		《家用电器回收法》	1998 年
		《建筑工程资材再资源化法》	2001 年制订，2002 年实施
		《食品循环资源再生利用促进法》	2001 年 4 月实施
		《绿色采购法》	2001 年 4 月制订并实施
		《汽车循环利用法》	2002 年 1 月制订并实施

2003 年日本经济产业省颁布了《环境立国宣言》，明确了企业在维持循环经济发展中的责任，使得日本的企业将循环经济的理念视为自身发展不可分割的一部分。

2007 年日本的空调、电视机、电动洗衣机和电冰箱的再商品化率已经高达 82%，废弃家用电器已经基本能够通过产业化的再利用措施而实现再生利用。

3. 美国

从 19 世纪 90 年代开始，美国进入都市化和工业化社会，许多城市的人口都在剧烈地增长，生活垃圾和噪声、废气等问题首次以公众居住地为中心影响到局部的环境质量，由此出现了美化城市运动。城市改良者也开始意识到制定地方法律以控制地方的污染问题。从此，美国的环境立法开始分化为自然资源和消除污染两大部分。

功利主义和保存主义两种不同的自然保护思想的相互斗争，使得美国环境主义思想不断健全发展。

第二次世界大战前，美国制定了一系列的环境法：1906 年制定《古迹法》；1916 年通过《国家公园服务体制法》；1918 年通过《迁移候鸟协定法》；1920 年制定《联邦水力法》和《矿产租用法》。1936 年美国运用经济分析制定了《公共汽车尾气控制法》，在资源法律—成本—效益分析上创造了一项革新。

第二次世界大战结束后，处理综合性化学物质和核废料成为一个新问题，1962 年，美国掀起了第三次环境保护浪潮。

美国在 1948 年颁布了《水污染控制法》，1952~1970 年经过 5 次修订，现称《清洁水法》。

到 20 世纪 60 年代，美国环境保护的议程日益增多，环境运动也表现出污染控制应与资源管理相结合的特征和倾向。1965 年颁布了《固体废物处理法》后，1968~1984 年多次修订，目前称为《资源保护和回收法》。

1969 年，美国国会通过了综合性的环境法律——《国家环境政策法》。《国家环境政策法》是美国最早的有关环境政策的立法，主要包括四个方面的内容：

一是制定国家环境政策和国家环境保护目标；二是明确国家环境政策的法律地位；三是规定环境影响评价制度；四是设立国家环境委员会。该法是世界上率先导入环境影响评价制度的法律。

20 世纪 70 年代则主要通过了《清洁空气法》《资源回收法》《联邦杀虫剂、杀真菌剂和杀鼠剂法》《安全饮用水法》《林业和山地可更新资源规划法》《噪声控制法》《资源保护和回收法》《水土资源保持法》《海洋倾倒法》等。到 80 年代，美国制定了《综合环境反应、赔偿和责任法》。

美国的循环经济法律法规制度不同于德国和日本，到目前为止还没有一部全国性的循环经济法规，美国将循环经济的法律法规都称为环境法。美国 1976 年通过的《资源保护和回收法》，在一定程度上体现了发展循环经济的要求，只是该法具有临时性和阶段性。和《污染预防法》（1990 年制定），一定程度上体现着发展循环经济的要求。1990 年美国国会通过了《污染预防法》，明确宣布以“污染预防”政策取代长期采用的以“末端处理”为主的污染控制政策。

2000 年 12 月 20 日，时任美国总统克林顿签署了《有机农业法》，该法的实施对美国生态农业的发展具有相当深远的影响。

同时，联邦政府和各州政府还推行了一些有利于发展循环经济的政策。例如，《综合废弃物管理法令》《罗得岛的固体废物管理和回用计划》《饮料容器回收法》《电子废物再生法案》《有害废物管理条例》等。

（二）我国循环经济立法概况

我国作为一个人均自然资源量很少的发展中大国，可持续发展的资源性障碍十分突出，自然资源的稀缺和递减是我国可持续发展的“瓶颈”。我国对循环经济的研究起步较晚，循环经济法律制度方面的研究、建设和实施与西方发达国家还有一定差距。

20 世纪 50 年代末，我国奠定了工业化的初步基础，但农业仍然是国民经济的主要组成部分。工业生产带来的环境污染开始出现，但还不严重。但随后一段时间环境污染和自然环境破坏达到了严重程度。这一时期的环境立法，较多的是关于自然资源的保护，尤其是作为农业命脉的各种环境要素的保护。进入 20 世纪 70 年代，我国已建立了比较完整的工业体系，环境污染也日趋严重，联合国 1972 年召开的人类环境会议，对中国的环境保护工作起到了警戒和促进的作用。

1978 年修订的《宪法》首次对环境保护做了规定：“国家保护环境和自然资源，防治污染和其他公害。”1979 年 2 月，全国人大常委会就自然资源方面通过了《中华人民共和国森林法（试行）》，1984 年将其修订正式颁布。随后 1986 年至 1989 年间相继制定了《草原法》《土地管理法》《矿产资源法》《渔业法》《水法》《野生动物保护法》等法律，并以这些法律为基础制定了大量行政法规、部门规章和地方性法规及规章。

由于我国现行循环经济法的相当大一部分内容来源于环境法律之中，因此，我国循环经济法的理念与目标不同程度地具有早期环境法理念目标的局限性。目前针对循环经济立法的理念基本停留在工业文明背景下传统环境法的法理念层面，即：侧重对于环境污染的末端治理，或者对于生产、流通、消费某一环节的污染防治。这与循环经济的要求有很大的差距，离生态文明对社会生产和生活的生态化要求相去甚远。

我国 1979 年 9 月制定了《中华人民共和国环境保护法（试行）》目的就是保护人体健康，促进经济发展。该法修订后目的没变，只是文字表述发生了改变，指导思想依然是人类中心主义，传统法律伦理占统治地位。但该法并没有明确规定自然资源保护的基本原则、基本制度和监督管理机制，且该法是由全国人大常委会审议形式通过的，并非宪法规定意义上的“基本法律”。

1996 年 8 月，国务院颁发《关于环境保护若干问题的决定》，该决定要求使用清洁生产工艺。1997 年 4 月，国家环保总局制定并发布了《关于推行清洁生产的若干意见》，要求地方环境保护主管部门将清洁生产纳入已有的环境管理政策，以便更深入地促进清洁生产。

“清洁生产”这一概念由联合国环境规划署在 1989 年首次提出，其基本含义是：将综合预防的环境策略持续地应用于生产过程和产品中，以减少对环境和人类的风险性。我国政府发布的《中国 21 世纪议程》中指出：所谓清洁生产，是指既可满足人们的需要又可合理使用自然资源和能源并保护环境的生产方法和措施，其实质是一种物料和能耗最小的人类生产活动的规划和管理，将废物少量化、资源化和无害化，或消灭于生产过程之中。清洁生产对于生产过程而言，包括节约资源、能源，减少废弃物的排放量，降低污染物的有害性；对于产品而言，旨在减少产品运动周期对于资源和环境所产生的影响。

进入 21 世纪以来，我们国家一直高度重视环境保护工作，环境保护立法也不断加强。国家已经意识到，末端治理模式显然已经不能真正实现环境保护。2002 年 6 月，我国制定出《中华人民共和国清洁生产促进法》，该法吸收了循环经济的思想。同一时期比较有代表性的环境立法还包括《环境影响评价法》。

由于清洁生产仅仅涉及生产层面，清洁生产及《清洁生产促进法》适用范围具有有限性。在 2008 年 8 月 29 日，十一届全国人大常委会四次会议通过了《循环经济促进法》，并于 2009 年 1 月 1 日开始实施，我国循环经济法律体系已经初步形成。《中华人民共和国循环经济促进法（2018 年修正本）》根据 2018 年 10 月 26 日第十三届全国人民代表大会常务委员会第六次会议《关于修改〈中华人民共和国野生动物保护法〉等十五部法律的决定》修正。

在我国，与发展循环经济密切相关的法律除了《循环经济促进法》以外，还包括涉及清洁生产、资源开发利用、能源节约、废物再生利用等领域的法律。例如，《海洋环境保护法》《水污染防治法》《中华人民共和国大气污染防治法》《清洁生产促进法》《节约能源法》《可再生能源法》和《固体废物污染环境防治法》等法律中有关循环经济的规定。这些法律的立法理念和目标都不同程度地体现了循环经济理念。2007 年的《电子信息产品污染控制管理办法（第 39 号）》，2007 年的《再生资源回收管理办法》，2008 年 5 月开始施行的《环境信息公开办法（试行）》等也都与循环经济相关。

地方相关立法也越来越多。例如：《深圳经济特区建筑节能条例》2006 年 11 月 1 日起在深圳实施，《黑龙江省生活饮用水卫生监督管理条例（草案修改稿征求意见稿）》于 2019 年 9 月公布，《海南省生态环境厅环境保护信用评价办法（试行）》《海南省生态环境厅环境信息公开办法（试行）》于 2019 年 12 月 31 日印发，《池州市海绵城市建设和管理条例》在 2020 年 1 月 1 日起正式实施，《湖北省餐厨垃圾管理办法》在 2020 年 3 月 1 日起实施。

第二章　循环经济法制建设的必要性及存在的问题

以经济发展带动的社会进步要求资源观念发生新变化。在循环经济整个运行当中支持使用“减量”“再利用”“再循环”为基本原则。如果在整个循环经济的循环路径中有任何一个环节的一个细小的关节点松动或脱落，都会使得整个循环系统受到直接或间接的影响。这就需要法律对利益安排及责任承担问题进行设计，妥当地规定各种主体的权利和义务，并用法律责任来保障其贯彻。

第一节　循环经济法制建设的必要性

一、循环经济法制建设是循环经济发展的客观需要

（一）循环经济法制建设是循环经济有序发展内在要求

从社会规范度来讨论，所有的经济活动都需要遵从相应的法律制度，法律作为经济的主要调整手段是不可或缺的。循环经济也同样需要相匹配的法律法规体系，形成有社会共识的行为规则。

马克思主义法学的经典观点认为，法律只是将反复进行着的经济实践记录下来而已。制定循环经济法律规范，可将循环经济生活记录下来，形成一种行为规则，指引经济行为、评定纷争。由于循环经济是将自然资源及环境要素引入市场机制，将经济生活的负经济性与正经济性内部化，因此这种经济活动涉及利益安排及责任承担问题，即政府、企业或公众在内部化过程中如何分担责任。循环经济法律就是对利益与责任进行设计，以妥当地规定各种主体的权利义务，以法律责任来保障其贯彻。

发展循环经济是对传统伦理观和发展观的重新审视，也是一场对传统经济模式、生产方式的全面变革。循环经济在我国还是一个新兴事物，虽然已经开展了深入而广泛的循环经济宣传推广和试点示范工作，循环经济理念已经深入人心，但是其发展还存在着社会、经济等方面的障碍。

法律具有引导性特点，可以作为评价标准和行为准则，因此在循环经济发展过程中，循环经济的法制过程就是一种行为规则推广和形成共识的过程。循环经

济法制可以成为一种深入人心的行为规则。

循环经济作为一种有效平衡经济增长、社会发展和自然环境三者之间关系的经济发展模式，首先被经济发达国家所采用。经过长期的实践，一些国家已经有了发展循环经济的法制保障。可持续发展是我国经济社会发展的基本要求，因此我国循环经济法制化保障也是必然要求。循环经济立法通过对人们行为的引导和约束，将人们的思维和习惯以及受之决定的生产和生活转入到减量化、资源化和再利用的循环发展轨道上。

循环经济需要法制规制经济主体的经济行为。经济的发展是与经济主体的发展有着紧密的联系。由于整体经济活动中参与主体的多样性以及其对盈利目标的热衷，这将直接导致经济交往活动走向混乱与无序。由于其市场竞争性的特征，以及社会对良好社会秩序的价值期许，需要从社会秩序角度对经济交往活动进行规制，并且从全局考虑，需要对循环经济的发展进行良好的指引和规划。此时，对经济的有效控制以及对经济交往秩序的良好维持成为与经济发展同样重要的地位。因此循环经济需要完备的、不断完善的法制。

循环经济法制属于新的法制框架，其核心是要将生态环境作为一种生产要素进行新的规制管理，纳入市场运行机制之中，重构社会价格形成机制，也重新调整社会利益分配关系，以实现为循环经济的发展保驾护航的目的。

以我国国情来看，资源型贫困、污染型贫困是工农差别、城乡差别、地区差别加剧的重要原因，成为影响我国经济社会发展的重大不安定因素。尤其早期传统经济发展时期，一些城市的工业三废与生活垃圾造成大规模的污染。因此需要借助循环经济相关法制建设促进循环经济的发展，提高资源的潜在价值，防止污染扩散，改善人民的生活质量和水平。

传统经济学只研究生产、消费、需求、利润等经济增长要素，忽视了经济赖以存在的环境因素，因此，在持续发展中遭遇到了巨大的环境问题。传统环境法通过增加污染者的成本限制生产，通过污染者付费原则进行事后治理，日益暴露出末端治理的缺陷，并且使经济发展与环境保护长期处于尖锐矛盾之中。事实上，经济与环境的联系密不可分，长期以来，由于科技水平和观念问题，人们长期陷于先解决吃饭问题还是先保护生存环境的争论中，这也加深了经济发展和环境问题的对立。循环经济比较圆满地回答了这个问题，也首次把经济发展与环境保护和谐统一起来。循环经济立法在经济法与环境法之间建起一座桥梁，加深我国法律部门纵向联系，使整个法律体系更加完备。

（二）循环经济法制建设是循环经济健康发展的客观需要

循环经济在我国还属于新兴事物，我国现阶段发展循环经济还有许多条件不充分，直接制约了循环经济的进一步发展。

只有完善的法律系统，才能筛选出市场上各种低劣的竞争者，依据法律法规让他们为自己的“非循环”行为承担相应的责任，防止在市场竞争中出现打乱市场游戏规则、侵占其他企业的利益为代价的恶劣竞争，以此保护遵守循环经济的企业及个人的合法利益，从客观上保护与激发了人们发展循环经济的积极性，以其减少环境与资源的压力。

因此，循环经济的健康发展需要积极创建起一个解决循环经济活动中相应问题的法律环境，只有当这个法律环境能够约束非循环行为发生的时候，才能真正地将循环经济发展下去。

经济的发展，本身就是一个开放性的过程，随着环境、资源、生产生活能力等发展在不断发展。循环经济的法制法规也需要不断完备，不断发展，也只有完备、良好的法制才能真正促进循环经济的发展，循环经济和循环经济法制之间是相得益彰的关系。

和谐社会是“形成全体人们各尽其能、各得其所而又和谐相处的社会”，是一种美好的社会状态和一种美好的社会理想。2002 年，在十六大报告中第一次将“社会更加和谐”作为重要目标提出。2004 年 9 月，十六届四中全会则进一步提出了构建和谐社会的任务。

社会主义和谐社会主要是指人与人关系的和谐、人与社会的和谐以及人与自然的和谐。构建和谐社会必须要做到人与自然的和谐相处。发展循环经济是构建和谐社会的生命源泉，和谐社会是循环经济健康发展的有力保障。循环经济法制建设是构建和谐社会、健康发展循环经济的本质要求。

在实际社会活动中，由于各种因素的制约，人们认识问题的能力各有不同，其自律性更有巨大差异。因此，需要强有力的控制社会的方式，社会是难以达到和谐的。循环经济法制建设为构建和谐社会提供了保障。没有循环经济法制保障，构建社会主义和谐社会只能是一种空想。从这个意义上说，加强循环经济法制保障是构建和谐社会的必要条件。

循环经济法制建设与和谐社会的建设都体现了社会主义社会的核心价值观。社会主义和谐社会是循环经济法制保障的奋斗目标。环境资源问题直接关系着人民群众的切身利益，而通过法制促进循环经济发展，规定政府在经济循环中的义务，有效解决日益严重的环境与资源危机，关注循环经济模式的适用，体现社会主义的优越性，才能真正实现社会主义的最主要最根本的利益。循环经济法制追求的社会状态，最基本的就是人和自然的友好相处，更高级的目标就是社会的有序、稳定和良性发展，而这一切正是和谐社会的特征和体现。只有规范了社会各部分的权利与义务，处理好人类社会与自然环境的关系，社会才能和谐，因此和谐社会与循环经济法制保障是社会主义建设的重要内容。

循环经济法制建设与和谐社会的建设基础条件是一样的。两者都建立在健全的社会主义市场经济体制之上。社会主义社会稳定、协调、有序和良性发展是两者的共同特征。我国循环经济法制的目的是通过保障循环经济模式的有效运行，实现资源的最充分利用，达到人与自然的友好和谐相处。因此循环经济法制建设是运到和谐社会的重要途径。

循环经济作为一种带有变革性质的经济模式，在其推广与发展过程中，难免会有混乱和不规范，此时需要法制的完备，并且完善而良好的法制为循环经济保驾护航，并且促进循环经济的良性发展。

二、循环经济法制建设是循环经济科学发展体系的支柱

科技进步是经济发展的根本动力，先进适用的生态循环技术和设备是发展循环经济的基础条件。循环经济的发展需要现代科技的支撑，要求包括清洁生产、再生资源回收利用、节能降耗等重点环节的技术创新。而这些科技活动的普遍化、复杂化又要求它是一种高度组织化、规则化和程序化的活动。

党的十六届三中全会提出了“坚持以人为本，树立全面、协调、可持续的发展观，促进经济社会和人的全面发展”的科学发展观。

资源的有限性，人类发展要求的无限性，环境污染的制约性是循环经济产生和发展的根本原因。循环经济是对传统经济发展观念和模式的一次革命，它强调从源头减少资源消耗，有效利用资源，减少污染物排放。在社会生产和消费过程中，谋求以最小环境资源成本追求最大的社会经济收益，为工业化以来的传统经济转向可持续发展的经济提供了可行的理论模式。全面、协调、可持续发展的科学发展观的提出使发展循环经济的理论基础和意义更加显现出来。从循环经济和科学发展观的内涵，科学发展观是发展循环经济的理论基础和科学依据，发展循环经济是全面贯彻和落实科学发展观的有效途径。

对循环经济进行立法，有效地建立起循环经济科技管理体制和科技运行机制，组织、协调和管理循环经济科技活动；对循环经济进行立法，将国家发展循环经济的重要原则和战略法定化，并将之具体化、程序化，确定循环经济科技发展的合理布局和人、财、物的合理分配，加强科技、环保、经贸等有关政府部门之间的协调配合，充分发挥其职能作用；循环经济立法还可以调节发展循环经济科技过程中所产生的各种利益关系，使科技成果得到合理的使用和推广，为循环经济的发展贡献力量。

循环经济是追求更大经济收益、更少资源消耗、更低环境污染和更多劳动就业的先进经济模式。发展循环经济具有全局性、根本性、长期性，是关乎社稷民生的重大工程。循环经济是解决经济发展和环境问题冲突的最佳发展模式。

科学发展观是用来指导发展的，坚持用发展的办法解决前进中的问题，这是改革开放以来我们的一条重要经验。从循环经济的内涵和科学发展观的内涵看

出，科学发展观是发展循环经济的理论基础和科学依据，发展循环经济是全面贯彻落实科学发展观的有效途径。

发展的最根本目的是为人谋福利。发展观决定着发展道路、发展模式和发展战略，对发展的实践产生全局性、深远性影响。发展观是关于发展的本质、目的、内涵和要求的总体看法和根本观点，决定了经济社会发展的总体战略和基本模式，对经济社会发展实践具有根本性、全局性的重大影响。

科学发展观为发展循环经济提供了理论基础。

科学发展观强调坚持以经济建设为中心，把发展生产力作为首要任务，把经济发展作为一切发展的前提，为循环经济的资源节约本质提供了科学依据。

科学发展观坚持以人为本，把人民群众作为推动发展的主体和基本力量，以满足人民群众不断增长的物质和文化需要为发展的根本出发点和落脚点，从最广大人民的根本利益出发谋发展、促发展，为循环经济的理论指导提供了依据。

科学发展观坚持全面发展和协调发展，为循环经济的减量化、再生和再利用三项基本原则提供了依据。

科学发展观坚持可持续发展，强调要实现经济发展与人口、资源、环境相协调，保证一代接一代地永续发展，为循环经济的发展宗旨提供了依据。

科学发展观把社会主义物质文明、政治文明、精神文明、和谐社会建设和人的全面发展看成相互联系的整体，把人类社会的发展看成生产力和生产关系、经济基础和上层建筑、社会生产各个部类、各个地域、各个方面，人与社会、当代与后代等彼此相互联系、相互促进、不可分割的过程，进一步丰富和深化了发展循环经济的认识。

循环经济是一种通过改变经济增长的方式和内涵，将经济增长、就业与节约资源和保护环境统一起来的经济发展模式，成为全面贯彻落实科学发展观的有效途径。发展循环经济可以将人口资源和环境有机统一起来，从而在更高层次上推进社会和谐程度提高。因此，大力发展循环经济是全面贯彻落实科学发展观的有效途径。

循环经济是科学发展的重要组成部分，是转变经济增长方式的重要内容，也是推进可持续发展战略的一种有效模式，对于促进全面贯彻落实科学发展观具有重要意义。加快推进循环经济建设，是贯彻落实科学发展观的需要。科学发展观要求在经济发展领域转变过去粗放式的增长模式，转变为以协调人与自然的关系为准则，实现资源的可持续利用的循环经济形式。

自法律产生以来，法律一直是为规范人的行为而制定的，人的行为的多样性、复杂性带动了立法的广泛性与复杂性。没有人的行为驱动就不会有法律的发展与变化，不同的时代，人的行为模式不同、立法理念不同，需要的法律模式也不同。

发展循环经济，建设环境友好型社会，是世界各国寻求可持续发展的必然选择，国际经验证明，要顺利推动循环经济发展，必须有健全的法律制度作为保障。贯彻落实科学发展观需要建立相应的制度框架和组织结构，需要有相应经济社会运行机制和技术经济范式。

发展循环经济所遵循的一系列原则、规则，不能单靠经济杠杆来保障，要靠法律加以规范，尤其是通过完善相关的法律制度来有效推进循环经济的发展。循环经济的实施，只有在统一的社会规范和协调的法律体系下，才能建立起科学的、严谨的和可操作的制度。只有在法律的强制规定下才能将资源节约、经济质量、环境建设、优化管理同国家发展、社会进步、文化建设，完整地结合在一起。循环经济法保证资源和环境对经济发展的支持，以及保证经济的发展对促进资源节约和环境改善的支持，实现符合可持续发展要求的良性循环。只有建立起有利于循环经济发展的科技支撑体系，建立推进循环经济发展的有效激励机制和约束机制，将循环经济变成为国家整体战略和综合决策中一个有力的支撑点，这才能真正把人口、资源、环境与发展有机地联系在一起，形成构建资源节约型和环境友好型社会的新合力。

循环经济法制建设必须明确国情，以及国家经济发展阶段的不同，注重法制体系的偏重度，才能更好地促进循环经济的科学发展。不断对现有法律制度的创新与完善，实现环境利益与经济利益关系秩序化，把资源节约、环境保护同经济发展和社会进步有机结合起来，才能保证资源和环境与经济发展的相互支持，实现经济的可持续发展。

同时，在循环经济发展中注重发挥政府、企业和公众以及行业协会等主体在发展循环经济中的积极性，形成推进循环经济发展的整体合力。这就需要循环经济法制系统对各方的权利和义务进行规定与限制。

在我国，循环经济立法必须坚持以科学发展观为指导。循环经济立法中应当全面贯彻落实科学发展观，突出以人为本，要求全面协调可持续，以统筹兼顾作为根本方法。

循环经济法与其他法律之间有着紧密的联系，有一定的交叉、重复，处理好法律之间的关系，将充分发挥循环经济法与其他相关法律在推进循环经济建设中的积极作用。

循环经济法制建设，还可以在行政强制手段之外，依法建立合理的激励机制，调动各行各业各类主体的积极性，激励他们走循环经济的发展道路。

循环经济立法既具有坚实的理论基础，也具有丰富的人文现实，为循环经济的科学发展体系指明了目标、规范了行为、激励了公众，起到支柱作用。

三、循环经济法制建设是循环经济发展国际化的保障

自然资源与生态环境在一定程度上制约着经济活动的发展，也影响着国际贸

易的发展，因此循环经济和国际贸易之间存在着密切关系。环境的改善受到经济实力的影响，强大的经济实力是改善环境的有力后盾。而要想提升经济实力，要实现循环经济与国际贸易、生态环境的可持续发展。

国际贸易可持续发展是指一个地区或者国家的国际贸易和其社会发展、经济发展、生态环境、社会收益等紧密相连，并持续、长久发展的一种理论。即在严格遵守国际贸易发展内在规律的前提条件下，不断完善国际贸易发展体系，建立健全国际贸易运作的机制，科学合理的对外贸资源进行配置和使用，提升国际贸易的发展效率，从而确保国际贸易和社会发展、经济发展相互促进，相互发展。

循环经济在发展过程中会对资源进行充分的利用与合理的配置，有利于生态环境的保护与国际贸易的可持续发展。资源一定程度上制约和影响着国际贸易的发展。循环经济的快速发展，有助于建立健全环境保护法律与国际贸易政策，有助于生态环境与国际贸易的和谐进步。

改革开放以来，我国的国际贸易与经济发展迅速，随之而来的是我国的环境问题与资源问题越来越严重。我国人均资源水平与世界平均水平相比属于较低水平，而我国资源消耗与资源产出能耗水平却处于比较高的水平，我国资源能源的利用率低于其他先进国家水平。高投入、高消耗的经济增长方式对环境造成极大的污染，引发严重的生态问题。这种情况下，国际贸易的可持续发展将会受到极大的影响。

当前国际竞争是综合国力的较量，而循环经济是我们“开创生产发展、生活富裕和生态良好的文明发展道路”的选择，循环经济立法是我国顺利发展对外贸易的条件。加入世界贸易组织（World Trade Organization，WTO）后，我国在参与经济全球化的深度和广度方面都大大增强。在 WTO 的交易规则中，高科技产品的交易是世界贸易的主流，技术性壁垒，清洁生产和循环经济首先指向高科技产业和产品，其次是功能健全的节能产品，这些必须达到国际技术标准。我国的产品在国际上已屡屡发生由于不符合环保标准而被拒绝进口的案例。循环经济法既是一把经济的尺，又是一把环境的尺，它衡量着我们的生活质量。合理的循环经济立法有助于我们准确衡量自己并在国际竞争中立于不败之地；适度的标准也是我们保护自己的国家和国民所必需的。

国际社会非常重视循环经济，多年来一直为循环经济的发展做出努力，各国还颁布了与之相关的法律文件。我国对循环经济进行立法是同国际接轨的需要，同时也是履行国际责任的表现。

在全球环境保护意识不断加强的环境下，以关税和传统非关税措施来限制进口的空间越来越小，许多国家正在转向以苛刻的环保技术标准来构筑新的贸易壁垒即绿色壁垒。近年来，国际环保运动快速发展，不但出台了相关的国际环保条约，各个国家与地区也出台了相应环境标准。

WTO关于《卫生与植物检疫协定》和《贸易技术壁垒协定》的规定要求各国在制定国内法规时以国际标准为基础，这导致这些环保技术标准具有了更大的约束力。环保标准的实行显示了社会的发展，表明人类越来越重视环境保护，但是对一些国家的国际贸易发展带来一定的限制。

在国际市场上，绿色商品十分受欢迎，它是打破绿色壁垒的物资条件。这就要求我国的外向型企业在生产时，需要重点生产绿色商品，即树立循环经济理念。从商品的研发、设计、制作、包装以及运输等各个环节，都必须实行绿色化。绿色商品的本质是要求企业注重环境保护，充分利用资源。只有通过循环经济生产绿色产品，才能真正提升我国商品在国际市场中的竞争力，有效降低由于绿色壁垒而到来的经济损失。

我国的国际贸易长期处于粗放型经济增长模式，即“高投入、高消耗、高污染、低收益”。这种发展模式造成对自然环境的严重破坏以及自然资源的不合理开发，导致生态环境的污染与资源的严重浪费，这就造成出口商品越多，环境破坏情况越严重。

我国的出口商品过于的依靠资源，而资源的利用率又比较低。我国出口的商品主要是工业制成品与初级加工产品，这类产品大多属于资源密集型、劳动密集型、附加值低且技术含量不高的产品。这类产品消耗大量的资源，且对环境带来极大的破坏。然而，我国所进口的商品中主要是科技含量高的工业品或者是原材料和资源，例如电子仪器、计算机、化工材料以及原油等。此外，还有部分国家将污染比较严重的企业转入我国，对我国的生态环境造成极大的破坏。

我国商品出口时，会受到生产、开发、包装以及使用等环保方面的限制，一定程度上增加了我国出口产品的包装与运输成本，造成在国际贸易中的价格优势消失，且降低了在国际市场上的竞争力。在这个过程中出现诸多的贸易摩擦，不利于国际贸易的可持续发展。要想使我国的产品在国际贸易中符合这些规则的规定，突破绿色贸易壁垒，就必须建设和完善循环经济法律法规，大力发展循环经济。

只有把资源节约、经济质量、环境建设同经济发展和社会进步有机地结合起来，才能有利于强化产品清洁生产的法律意识，提高绿色生产的技术水平，才能确保我国的生态资源与环境的安全，有助于我国突破绿色贸易壁垒，提升我国产品在国际市场上的竞争力，实现符合经济可持续发展要求的良性循环。

我国经济发展的内在要求就是进行国际贸易可持续发展，因此必须发展循环经济，这是一项重要保证。我国在实行可持续发展战略的同时，统观全局，全面考虑循环经济与贸易和环境之间的关系，推动科学技术的进步，提升生态环境的质量，加强我国出口商品的竞争力，最终实现循环经济与国际贸易的和谐、统一发展。对我国的产业与产品的结构进行调整，转变资源导向型的国际贸易发展策略。我国的产业结构应该重视生态环境的保护与资源的充分利用，加强出口商品的附加值与技术含量，降低矿产品与资源性产品的进口量，避免对我国环境的污染与资源的过度消耗。

2018 年 7 月 16 日，国家发展和改革委员会与欧盟委员会签署了《关于循环经济合作的谅解备忘录》，这是中国欧盟领导人会晤取得的重要成果之一，由此建立循环经济高级别对话。

只有从国家层面，通过宏观调控政策才能在现代市场自发性、盲目性的特征下，发挥政策调控力量。目前，我国尚需一套全面的国际贸易法律法规，进而促进循环经济的规范化、标准化发展，避免破坏行为与短期行为的发生。

循环经济法制的建设，在循环经济发展国际化中可以起到多方面的保障作用：加强引导，有利于产业收益的实现，且利于推动技术创新；为技术创新提供有利条件，保护创新权益，为国际贸易话语权进行护航；推动产业内部结构调整，优化对外国际贸易市场结构。

第二节　循环经济法制建设的经济学分析

一、循环经济法制建设的成本收益分析

（一）成本收益分析

任何一个经济活动系统必然包括物质、资源、信息、人力等要素的流动，而各种要素的流动以价值的流动为基础，循环经济也不例外。

在 19 世纪法国经济学家朱乐斯 · 帕帕特的著作中，首次提到成本收益分析方法的概念，这种方法被定义为“社会的改良”。其后意大利经济学家帕累托对这一概念重新界定。到 1940 年，美国经济学家尼古拉斯 · 卡尔德和约翰 · 希克斯对前人的理论加以提炼，形成了“成本—收益”分析的理论基础，即卡尔德—希克斯准则。在这一时期，“成本—收益”分析开始渗透到政府活动中，并在实践方面得到了迅速发展，被世界各国广泛采用。

成本收益分析是通过比较项目的全部成本和收益来评估项目价值的一种方法，属于经济学的基本范畴。法律和经济学在部分价值观上有共通性，法律作为一种资源，也存在配置最优问题，因此在法制建设中引入成本收益分析，有利于法律系统的结构优化，也有利于减少浪费和混乱。

成本是商品经济中生产商品或提供服务所消耗劳动价值的货币表现。可分为生产成本、边际成本、机会成本和交易成本。其中的边际成本表示生产另一单位产量的额外或增加的成本；机会成本是一种隐性成本，是指用于某一方面而不能用于其他方面时所放弃的收益。

收益是某种活动所要产生的有益效果及其所达到的程度，是效果和利益的总称。它可分为经济收益和社会收益两类，其中经济收益是人们在社会经济活动中所取得的收益性成果；社会收益则是在经济收益之外的对社会生活有益的效果。

成本收益分析作为一种经济决策方法，将成本费用分析法运用于政府部门的计划决策之中，以寻求在投资决策上如何以最小的成本获得最大的收益。常用于评估需要量化社会收益的公共事业项目的价值。

美国法学家波斯纳在《法律的经济分析》中曾指出：法律如同市场一样，用于机会成本相等的代价来引导人们促成效率大化。如何使法律资源得以有效配置，如何实现法律收益大化的关键问题在于法律的成本收益分析。立法者通过成本收益分析来寻求尽可能减少资源消耗，减少废物排放，增加经济产出，实现经济、社会、环境的统一。

成本收益分析是经济学分析中的重要工具。将成本收益分析方法引入法学领域，提供了新的视角，从定性分析走向定量分析，使对法制建设的方案、效果及构建研究更加深入。

（二）循环经济法制建设的成本分析

循环经济法从立法到实施包含很多成本，除法律成本外，还有法律使用过程中的机会成本和边际成本。循环经济法制需要企业、社会团体和个人适应新的一种格局，这种变革成本的多少，将决定着这种经济模式的发展情况，因此循环经济法制的成本分析能够研究出实施难度与实施成功可能性。

1. 法律成本

法律的制定与实施需要支付一定的费用，消耗一定的社会财富，这种消耗称之为法律成本。

法律成本指在经济社会活动中，国家和社会主体做出的物质、非物质投入的总称。法律成本根据法律制定、运行的特殊性可分为立法成本、法律适用成本、守法成本。

立法成本指在立法过程中人力、物力、财力以及所花费的时间等有形的会计支出。包括人力成本、法律在制定过程中信息获取、法律文本制作的费用。

法律适用成本指的是法律在实施过程中的执法、司法成本。包括建立维持法律组织、法律设施的费用，法律宣传教育费用，以及法律监督的费用。

守法成本指按照法律规定执行时增加的支出或放弃的收益。包括以直接支付货币形式的显性成本和以时间、距离、程序等表现出来隐含货币支付的隐性成本。

循环经济法所涉及的内容有：国家为维持循环经济法实施机关的正常运转而投入的费用；消除旧制度和变革阻力的费用；企业、社会团体及个人的投入，即遵从循环经济法安排中的守法成本。

2. 机会成本

法律的机会成本也称为选择成本，是在特定的时空领域对某种社会关系运用某种法律手段或运用某种法律规范进行调整，放弃使用其他法律手段或法律规范而产生的收益差别和得失。

借助守法成本与违法成本的比较，反映着法律的科学合理性，影响法律的实施成本和运行效率。通常，若违法成本高，则法律易于实施；守法成本高，则法律难以实施。

循环经济法制的机会成本主要涉及的问题包括：循环经济法制的实施模式选择原则，例如，按社会需求性，按战略需求，按实施范围等；循环经济法制的调整对象选择，可以选择国家干预或是借用市场的自我调节能力；循环经济法制的调整范围是限于源头防治污染，还是贯穿经济运行全过程的污染预防；循环经济法制的调整手段的主要方式，比如是以鼓励为主还是以强制规范为主。

机会成本的分析，有利于分析循环经济法制建设的合理性和可实施性，尽量做到统筹兼顾、合理安排。循环经济促进法制中激励和惩罚制度，就是对机会成本的一个调整和管控。

3. 边际成本

法制的边际成本是指法律投入在那些关键点上能达到的最小社会投入而获得最大的收益。经济学中的边际效用递减规律，即边际成本递增，边际收益递减。这一规律也可运用于具体的法律制定中，按照边际成本规律，法律的供给在达到社会需求饱和状态之前，每增加制定和实施一项新的法律时，由于法律规范的体系化及相互支持，其边际成本呈递减趋势。

循环经济法制的边际成本反映的是随着循环经济法的制定和具体规则实施量的增加，循环经济法的成本与收益的相对变化情况。根据边际成本递增、边际效用递减的规律，在循环经济相关法律的供给达到社会需求饱和状态之前，每增加制定和实施一项新的规则时，由于法律规范的体系化及相互支持，其边际成本呈递减趋势，收益呈递增趋势。相反，如果超过了饱和状态，随着循环经济相关法律供给的增加，其边际成本呈递增趋势，收益呈递减趋势，以致到后来，虽然法律存在，但其收益微乎其微，而产生循环经济法规模不经济的现象。

边际成本分析，是对循环经济法律制度体系完善度与社会情况的切合度的重要分析。

（三）循环经济法制建设的收益分析

法律在实际运行中可以产生不同的性质、不同类别、不同层次的收益。法律收益的多样化是由法律调控范围的多样性决定的。法律收益指在立法、执法、司法、守法过程中依照法律规定而获取的收益。

循环经济法是调整在发展循环经济、建立循环型社会中所产生和存在的社会关系的法。它通过协调和规制单位和个人所从事的生产、服务和消费活动，可以有效地促进循环经济的推进，有利于保护环境，减少对环境的污染和破坏。因此，循环经济法的收益，主要指通过对权利义务和责任的确认、分配与救济，促进资源的有效配置后满足了社会和自然主体的需要。

循环经济法在运行实践中主要考查经济收益、社会收益和生态（环境）收益。

1. 经济收益

经济活动最直观的收益就是经济收益，经济收益是一个宏观概念，可以从两个层面进行理解：一指立法实施以后所带来的法律本身的经济效果，它是可以度量的；二指通过法律运行所带来的经济系统各项发展指标的积极变化。

分析法制的经济收益的意义在于为人们从事经济活动提供一个行为规则，减少投机取巧等机会主义行为；消除或减少经济活动中的“搭便车”行为保证私人成本与社会成本的一致，提高经济效率；减少经济环境的不确定性，增加经济活动的可预测性；增加经济评价指标体系发生积极变化的可能性。

循环经济法制从立法、执法、修订过程中能够正确处理公平与效率的关系，充分考虑各经济主体的利益维护，通过利益协调机制平衡各方的利益冲突，建立有效的利益协调机制，则可以降低实施过程中的交易成本，降低获取市场信息的费用，还能够降低执行和谈判费用、诉讼费用。从而为从事循环经济相关管理活动的部门与从事生产、服务和消费的单位和个人创造了一个法制化的环境，使各个主体在处理相互之间的经济关系时自觉遵从共同的行为规则，减少投机行为发生的概率，维护他们自身合法的经济权益，提高经济效率。

循环经济法的实施为循环经济的发展带来了有效指引和保障，必将带来经济系统内各项经济指标的积极变化，包括经济收益、资源保有、资源利用率、自然环境保护与修复等数值的上升。

循环经济的发展为经济增长开辟新的资源、有效减少污染物排放、通过减少能耗提高经济收益。近年来，在党中央、国务院的高度重视下，在国家宏观经济调控指导下，推行循环经济工作的力度明显加大，循环经济工作的开展取得了一定成效。国家统计局报告中，2006 年全年万元 GDP 能耗下降 1.23%，是 2003 年以来的首次下降。

2. 社会收益

社会收益是指为社会发展所做出的投入与努力和它们所产生的社会效能、利益之比。与经济收益相对应，社会收益主要体现在人民生活稳定、生活质量和社会公平等这些方面。

美国当代法学家哈罗德 · J · 伯尔曼认为，法律必需被信仰，否则它将形同虚设。从这个意义上看，法律所突显的社会收益和价值是无法估量的。

循环经济法具有法的社会收益的共性，它的实施和运行能够带来社会系统的进化和变革，这种促生的作用主要体现在促进社会发展、维护社会稳定和保证社会公平三个方面。

在社会发展方面，循环经济法的实施必然促进经济发展成本的降低，带来社会投入的增加，进而提高科技、教育和卫生经费的水平；扩大第三产业就业领域，增加就业机会；提高城镇居民年人均可支配收入和农民年人均纯收入，从而带动恩格尔系数的积极变化。

在社会稳定方面，循环经济法的实施通过实现经济系统的循环，从而带动社会系统的循环，通过提供必要的再就业岗位，增加再就业的人数，降低犯罪发生的概率，降低通货膨胀率和离婚发生的概率，以促进社会的整体稳定和谐。在社会公平方面，循环经济法的实施缓解了来自经济和资源方面的巨大压力，从而在很大程度上缓解和改善社会收入分配状况，不但可以减少城镇登记失业人数，而且能够扩大和深化城乡养老保险、医疗保险、失业保险的覆盖面，促进社会公平的实现。

3. 生态收益

循环经济的理论基础之一就生态效率。循环经济关心的不仅仅是资本的增加，经济的繁荣，而且还有生态效率的提升。

生态收益是从生态平衡的角度来衡量收益。生态收益与经济收益和社会收益之间是相互制约、互为因果的关系。在某项社会实践中所产生的生态收益可以是正值或负值。如果未来更多地获取经济收益和社会收益，给生态环境带来不利的影响，则此时经济收益和社会收益是正值，而生态收益却是负值。生态收益的好坏，涉及全局和长期的经济收益和社会收益。

由于循环经济法制作用重点倾向于生态环境质量、生态环境保护和生态环境建设等方面，因此循环经济法的收益中比较有特点的是生态（环境）收益。循环经济法制的建设重点在于促进减少必要生活资源浪费行为和空气污染行为，改善环境资源状况，减少污染物、废弃物等对人体健康和环境的不利影响。

循环经济法制的实施可以提高生活废弃物、噪声的有效处理率，促进人类生活区生态的保护。循环经济法制加强了生态环境方面管理，通过加强从中央到地方的经济管理职能的全面规划，强化相关行政部门和生态环境管理部门的管理职能，可以利用有效的再生资源、资源再利用等激励机制实现法律规制目标。同时通过鼓励公众参与，完善循环经济管理体系，间接实现循环经济和循环经济法的生态收益。

二、循环经济法制建设的供给需求分析

（一）法律的需求—供给分析

需求—供给分析是微观经济学中分析市场供求关系的一种方法。需求与供给贯穿于生产、交换、消费、分配四大经济活动之中，二者的均衡是社会再生产的基础与条件。古典经济学认为供给创造了需求，供给处在主导的地位；而现代凯恩斯经济理论认为需求拉动了供给，需求处在主导地位。

法律制度是公共产品，法律制度虽然与一般公共产品不同，其不具有物质性的实物形态，但是其自身具备了非竞争性和非排他性，是一种纯粹的公共产品，因而公共产品理论中的分析框架和发展规律在一般意义上也适用于分析法律制度这一公共产品。法律制度具有极强的职业性，因而公众难以直接发现和隐藏自己的需求偏好。

制度经济学认为，制度作为一种公共产品，其变迁与创新完全是由公共产品的供求不均衡造成的。这里的变迁与创新主要包括制度的产生、发展与完善。

（二）循环经济法制的需求

影响法律需求的因素有法律的实施效果、法律制定者的偏好以及法律需求的社会成本。

循环经济法作为较新的法律部门来说，其形成较晚，它的产生也是由于法律制度的供求不均衡造成的。

1. 循环经济法律制度的需求

对生态环境的使用、修复、保护相对价格的提高，环境与生态资源的紧缺是环境法需求产生的经济根源。

由于生存、生活要素相对价格变化导致法律制度需求，当环境日益恶化、自然资源越来越贫乏时，关于这种相对比较稀缺、相对价格较高的要素——环境与资源的法律制度的完善与发展就会成为法律改革的重点。

2. 科学技术的发展及其作用的局限性是循环经济法律制度需求的直接原因

事物具有两面性，科学技术也不例外。科学技术即给人类带来了更强大的生存能力，也让人类对自然做出了很多无法挽回的破坏，当人类意识到科学技术无法全部解决它所带来的问题时，人们才产生了对环境资源保护法的需求，希望以法律的形式来消除经济行为带来的外部不经济性或者弥补由此给自然环境造成的损失以及科学技术的缺陷。

3. 人们对良好生活环境的偏好是循环经济法需求的现实基础

在微观经济学中，消费者偏好是由于受风俗习惯、消费示范等影响，从人类基本需要中派生出来的对某种商品的特殊需求，是在不考虑预算约束下，即无限

收入下对消费的一种愿望。偏好的改变受经济发展水平、国民收入、历史文化传统的影响，也受相对价格变化的影响。

从制度需求的视角来看，法律制度的需求需要政府实时关注民众的真实需求。法律制度的需求分为两部分：一部分是直接的、表面的需求，会因比较突出或集中的某些现象而引发法律制度的需求；另外一部分是潜在的、不易被社会公众直接感知的需求，这种需求的识别建立在对国家运行、社会发展做出战略性、长远的理性思考的基础上，由公众对社会进步和生活日益完善的根本需求所内生决定。

人类发展初期，人们追求的是温饱与财富，基本上不存在对良好环境的偏好。而当人们解决了温饱问题，达到一定的物质生活水平达后，人们开始关注生活环境。正是当生产力发展到一定程度、物质文化水平达到一定层次后才形成了对环境的要求，人们对人类与自然关系的反思，让循环经济法律制度成为一种现实的需求。

循环经济法律制度在制定时不仅要顾及实施该法律的成本以及社会需求程度，还要顾及该法律实施后的效果。这不仅是公众对法律的态度，而且也是国家制定该法律的原则。

不能指望只用一部法律就能彻底解决生态环境保护和节约资源能源以及其他相关方面的一切问题，但是法律制度的制订不仅支持了发展循环经济，而且对其他相关法律的实施提供了有力支持，同时在一定程度上对生态环境保护问题、节约资源能源方面提供了法律支持，弥补其法律供给不足现象，对积极响应党中央的号召，贯彻实行科学发展观，建设资源节约型、环境友好型社会起到积极的作用。

（三）循环经济法制的供给

社会公众一般会隐藏其真实公共产品的需求偏好以及其真实的生产能力，这使法律制度这种公共产品的供给水平时常与实际需求不相符合。

法律制度作为公共产品其供给主体以政府为主导，个人、社团、企业可以通过民主制度对供给产生影响。公共产品供给的实际情况中，公共产品呈现多元主体供给的局面。在法律市场有以下要素制约着法律供给：社会中的政治经济因素、法律环境、法律产品的自身价格、替代品以及互补品的价格、法律的生产要素（物质财富、劳动、生产技术）与生产成本、法律生产的技术水平（立法、执法、司法技术的总体水平）、法律供给者的意识和预期。法律供给是法律需求由可能变为现实的客观条件。

目前，突发性重大公共事件和舆情日益强大的势力常常成为短期内满足制度供给需求的触发机制。由公众短期聚集爆发的制度需求会迫使制度的供给者面对更多的压力，从而突破法律制度供给的常规流程和制度。在突发重大事件和舆情影响下所做出的制度供给质量难以保证。

有对循环经济法律制度的需求，就必须有循环经济法律制度的供给。如果法律制度供给不足，就会出现法律制度供需的不平衡，导致社会的混乱。而法律制度的供给是人为的行为，带有一定的主观色彩，要视国情而定。法律制度作为公共品，体现出职业化的法律理性，难以直接进行量化判断：一方面由于法律制度的供给数量和效用具有难以直接测量和衡量的特性；另一方面由于公民对待法律制度所体现的支付意愿难以直接用金融收益来衡量。因而法律制度作为公共品的需要供给者花费更大的关注力来及时探求公民的制度需求以做出正确、合理、及时的供给决策。法制建设的目标是提供足够数量、足够质量的循环经济法律制度。

从法律制度产生的过程来看，法律制度的推行分为个人、组织、国家三个层次。个人独立推进然后大家效仿、组织自愿协议形成、政府强制推行。法律作为一种公共产品来说，一般由政府作为法律供给主体的。制度性公共产品由于具有法律的权威，其供给的主体就严格限定为具有政治权威的统治机关，在大陆法系集中体现为立法机关。就安全与司法而言，有必要由政府来提供。个人独立推进方式灵活，成本低，但收益增长可能性有限，也无法形成规模效益，且存在很大政治风险。组织自愿协议，是先在组织内部达成一致，然后推行。成本随着组织规模成正比增加。国家的法律制度存在一个强制成本，以国家利益为优先。强制成本的大小，表明国家的法律制度的供给质量程度。强制成本的大小，也决定着国家对法律的供给能力，成反比关系。

循环经济法律制度的强制成本：一方面是为了短期目标而出台了一批法制规范，造成一种非持续发展结果；另一方面，为了在一定时间内实现生态/环境利益，硬性限制企业、个人在短期内完成相应的环境指标，引起了一些反对。由此看出循环经济法制的缺乏，以及实施方面的差距。无论是哪一方面，都表现了循环经济法制的供给能力较弱。

在法律制度产品的供给环节，存在两个层次的博弈：第一个层次存在于法律制度产品的供给者，即各级立法者之间；第二个层次存在于供给主体和消费者，即立法者和社会公众、企业、非政府组织、政党组织、政府机构等制度需求者之间。这两个层次的博弈分别侧重于法律制度产品供给的形式和内容、数量和质量。

从制定法律的成本收益来看，并非法律供给越多越好。如若为使循环经济得以有效实施而颁布很多条法律，法律供给虽然提高了，但是制定和实施法律的成本也相应地提高了，而法律的边际收益反而减少了。可见，循环经济法中的需求属于制度需求范畴，客观上讲是复杂化的经济关系，主观上讲则是社会主体期望获得大潜在利益。

我国法系是成文法系，最重要的法律渊源是法典。成文法系在提供法律制度时，由于采取法典方式，法律制度一次性设计成本比较高，且实施后可能带来比较大的社会震动。但采用法典形式提供法律，具有规模效应，法律内容相对来说条理清晰。可是在新法产生方面，成文法系需要法律发展、成熟到一定程度。

对于循环经济法的供给，由于其创新性，在法律供给方面可能判例法系的法律供给模式更具有优势。美国使用的就是判例法，在 1879 年出现了烟尘防治条例。

我国缺乏判例法传统，但可以在法院遇到缺乏相应法律具体规定时，通过请示最高人民法院，然后高院做出司法解释的方式确立一系列法律的基本规则。高院的司法解释在司法实践中也起到了准法律渊源的作用，在法律制度缺乏的情况下，司法解释也为将来制定、完善相应法律制度的法典做了准备。

我国的制度需求的满足不是依靠长效、稳定的需求识别运行机制来影响决策，突发性公共事件的广泛影响、社会民众的强烈反映、舆论媒体的强势引导常常成为短期内满足制度供给需求的触发机制。

还有很多因素也对循环经济法的供给产生重要作用：公众对循环经济理念的支持；上层决策者对循环经济的预期收益；国家的宪法秩序程序等。

我国先后出台了《环境保护法》《可再生能源法》《环境影响评价法》等环保相关法律，但是对于企业在制造、运输、消费等各个运营环节的低量化、重利用和资源化方面的法律规定还明显不足。《循环经济促进法》的颁布填补了一定的法律空白。

（四）循环经济法制的均衡

供给需求是生产者、消费者相互交易行为，二者相互依存缺一不可。供求定理指出当调整任何物品的价格时，该物品的供给与需求都会达到均衡。均衡是指供给与需求达到了平衡状态。均衡价格指供给需求平衡时的价格。均衡数量指当价格调整到使供给需求平衡时的供给量与需求量。

法律制度作为公共产品对其他类型的公共品产生的影响更为深远和广泛。其他类型的公共品在单一维度上对公民的生活、社会的发展具有巨大的影响和作用，但是各公共产品之间的相互影响范围、程度有限。而法律制度作为公共产品的同时其又具有“上层建筑”的属性，因而对于其他类型的公共产品很容易产生深远而广泛的影响。从社会运行的角度来看，由于制度性公共产品的权力特性，甚至决定着其他具有经济类特性的和实质形态的公共产品的需求和供给。

法律制度的均衡：一是法律制度的供求关系均衡；二是均衡的效果，实现准帕累托最优。帕累托最优是指资源分配的一种理想状态，假定固有的一群人和可分配的资源，从一种分配状态到另一种状态的变化中，在没有使任何人境况变坏的前提下，使得至少一个人变得更好。法律供给以法律需求为前提，法律需求决定法律供给。法律供给与法律需求间有一定的依附性，法律供给以法律需求为导向，应需求者的需要而产生，法律供给的最终效果用法律需求的实现程度来检验。

法律制度公共产品的供需均衡，是指以满足对法律制度需求为目的的法律制度的有效供给，其要求政府作为法律制度的供给方及时、有效地发现和遵循法律制度需求的一般规律，设计出能够引导需求方表达并传递制度需求偏好的机制，进一步正确识别需求，准确做出供给决策，以满足公众对法律制度的需求实现有效供给。

法律制度的均衡只能是一种相对的帕累托最优，是在目前可供选择的法律制度集合中效率最高的一种选择。除非客观条件又发生变化，不会再有新法律制度的供给。制度均衡与帕累托最优的相似之处在于现有制度安排和制度结构已经达到了理想境地，再也无调整的必要。

从长远发展的视角来看，我国需要建立符合制度供需一般规律且具有中国法律制度供给实践和自身特色的制度供需均衡机制，其中主要包括制度需求表达机制，制度供给决策机制以及制度供需均衡的博弈机制。

法律制度公共产品的需求表达机制，从整体来看应当包含三个层级但同样重要的制度设计：法律制度公共产品的需求层次划分机制、法律制度公共产品的需求传递机制和法律制度公共产品需求的科学分析机制。

法律制度供给决策机制，贯穿于法律制度供给的全过程，包括法律制度的初次供给、配套法律制度的供给、法律制度的修改、废止等引起制度供给变动的全部过程，是对法律制度的供给数量、供给时间、供给内容等重要问题做出成本收益最大化选择和决定的机制。

制度供需均衡的博弈机制。制度意味着一整套会重复发生的行为模式。经济理论阐明了理性个体在追求自身利益最大化的过程中会考虑相关联的他人可能的行为和反应，从而做出对应性的抉择。在制度规范下的利益格局中，各方主体都追求实现自身利益的最大化。构建法律制度供需博弈机制不仅有助于不同利益主体制衡平台的构建，还为达到“善治”奠定基础。

循环经济法的均衡表现是相关法律法制供给与需求的平衡，但人们对法律的需求是一个相当客观的现象，是一种人类文明进步的标志，不可能通过抑制这种需求的方式来实现法制的供求平衡。

影响法律制度供给与需求的因素更加复杂。一般公共产品的需求和供给的影响因素大致为经济发展水平、收入水平、税收负担、人口因素、宏观经济政策和技术水平等。而影响法律制度需求和供给的因素除了直接或者间接地受到上述因素的影响以外，还要受到法律传统、政治环境、经济发展、法律体系、科学发展、民间习俗、司法实践等不同因素的影响。

法律制度作为制度性公共产品，路径依赖特性明显。法律制度的演变规律与生物界的进化不尽相同，并不是随着时间和历史的发展采取优胜劣汰的法则，因为历史原因、社会原因等情况一些效益较差的制度仍然可能存在，并且还会产生抵制制度变迁的可能。因此，法律制度的供需均衡的约束条件中还受到现有法律制度规范体系的影响，以及由这些制度规范长期推行在实践中构成的法律文化所致的复杂影响。在做出新的法律制度的供给决策时，需要考虑克服路径依赖带来的负面效应，要“将不同时期的决策联合起来”，需要着重考虑现有以及已做出的政治性、经济性的选择集合，以设计出在已有相关法律制度规范体系的约束下拥有最大收益的报酬递增机制，同时需要克服信息的不完全性和短期利益驱逐所导致的短视政策的出现。

在法律经济学范畴法律也是一种商品，其供需关系会影响到它所调控的领域。健全环境保护、资源回收利用等方面的法律，为我国寻求的建设资源节约型和环境友好型社会起到了良好促进保障作用。

我国的《循环经济促进法》是关于循环经济的重要法律。当然，仅有《循环经济促进法》还远不能满足循环经济发展的法律需求，还需要配套相关的法规和标准来更好的配合该法的制定以及实施，例如目前已经存在的《包装物回收利用管理办法》《循环经济评价指标体系及其考核规定》和《废弃电器电子产品回收处理管理条例》，其他还有关于水资源、土地资源、电能、废品回收与重利用、清洁生产、矿产资源综合利用等领域的有关标准。

不过由于循环经济涉及人类生活的方方面面，因此在发展循环经济方面法律的需求很大，目前的法律制度供给还远远不足。

三、循环经济法制建设的博弈分析

博弈是指两个或两个以上相关主体，通过合作或竞争来追求自身利益大化的过程，在这个过程中任何主体的行为都是在另一方的行为基础之上建立的。

外部性问题一直是经济学讨论的热点，在循环经济中也是如此。企业作为经济活动中的微观主体，必然追求利润收益，以至于在某些经济活动产生极大的负外部性时，企业毫不关心，只关注自身的成本与利益问题，导致了极大的效率损失。收税作为传统的解决外部性的途径，只是对产生外部性的行为进行惩罚，负外部性对经济的影响仍然存在，不能减少负外部性的出现。

在循环经济下，政府作为经济活动的参与者，与企业等主体一同参与经济活动。循环经济的实行是政府、企业等责任体参与合作与博弈的共同作用效果。特别是政府扮演着规则的制定者、行为领导者和监督者等多重角色。因此，政府行为成为循环经济实现的关键。政府的监督者的身份，规范企业的经营行为，从而实现效率大化的目标。但是，企业与政府之间存在着信息不对称性，企业利用其处于经济活动第一线的优势，掌握着大量的信息资源，容易为了实现自身利益大化而规避政府监督，在这种信息状况下，政府部门往往处于被动地位，无法实现资源有效配置的目标。因此，政府需要制定相关法律制度，来化解这种信息劣势。

政府和企业的利益活动是非对抗性的，政府和企业合作时，循环经济才能实现收益最大化。循环经济法律制度的出台可以有效缓解政府与企业之间信息不对称的问题，提高经济效率，这种效率的提高可以通过博弈关系中相关主体利益得失来体现。

可以对政府和企业的博弈关系进行假设：（1）政府和企业都是完全理性的，参与合作的目的都是为了追求自身利益最大化；（2）整个合作博弈系统允许政府和企业在博弈前进行沟通，从而保证合作的公正与合理；（3）政府通过法律、政策和舆论宣传等措施，使得企业具有循环经济意识，并达成合作协议，由政府保证协议的强制执行，而企业必须承认协议下的各相关行动；（4）政府和企业之间信息对称，各主体是互惠互利的关系，并在政府的支持下建立了一整套科学合理的信息沟通机制。

从经济学角度来看循环经济法律制度的制定实施实际上是个博弈的过程。参与的每个主体围绕着收益大化原则进行博弈，最佳状态是实现纳什均衡，兼顾了每个参与人的利益。

在循环经济中，企业可以选择遵守法律规定和不遵守法律规定。在遵守法律规定下，企业出于社会整体利益角度考虑，将丧失部分私人收益，只是获得社会平均收益水平；而在不遵守法律规定下，企业将获得超过社会平均收益的超额收益，但是企业会受到法律制度的惩戒。

从经济学的角度，企业实现利润最大化的条件为边际收益等于边际成本，因此从本质上而言，只有发展循环经济的边际收益大于边际成本，企业才会自发地选择发展循环经济。对于已经选择发展循环经济的企业，如果长期不能盈利或利润很低，企业也将无法生存。如果不改变经济运行的制度安排，企业是不会自发地选择发展循环经济。所以只有合理的制度安排，才能使企业自发地选择发展循环经济。制度在发展循环经济的过程中起着至关重要的作用，是企业选择发展循环经济的重要前提条件。

建立污染严厉惩罚机制就是为了使不发展循环经济的企业被惩罚后的利润低于成本，即政府的惩罚将增加企业成本，这样企业基于生存的压力而必须发展循环经济。通过征收排污费、行政处罚等逆向激励措施，使外部成本内部化，激励企业节约资源和循环利用各种资源，更多地使用再生资源，治理污染，激励社会公众更多地使用循环经济产品等等。

作为循环经济参与主体的政府部门，在该博弈关系中虽然处于不利地位，但是其可以通过自身特有的权利来平衡该不利地位，其可选行为主要有监管和不监管。企业是行动的主体，但是国家要对市场进行调控和规制。政府代表社会将企业发展循环经济的外部效益内部化，对企业的循环经济行为进行奖励，对全面发展循环经济具有直接的促进作用。在政府选择监管下，企业将会严格按照循环经济要求去做，从而实现社会效率的提升，但是政府部门将会多付出相关的监管成本；若政府部门选择不监管，那么企业将会无视循环经济法规，任由自身求利润大化的行为，导致社会效率的缺失，虽然此时政府部门将会节省监管成本，但是与社会效率缺失相比，则明显微不足道。

在政府与企业的博弈关系中，可以看出当政府不提供法律制度和企业遵守循环经济是最优选择，此时成本最低，收益最高，社会整体福利水平提高。但是在现实生活中，显然无法实现这种效率大化的现象。

出于自身利益大化的考虑，此时企业必然会不顾社会福利水平而追求自身的超额收益，导致社会效率的损失。

当政府提供了相关法律制度后，政府部门如果选择不监管时，同样会出现上述社会效率缺失的现象，而此时政府部门的收益也将有所下降。在提供了相关法律制度后，政府所要做的就是完整的监管制度，保证企业行为符合法律制度，从而实现社会效率的提升。虽然此时政府部门的法律成本上升，但是与企业遵守循环经济所带来的正外部性相比，收益高于成本。除监管外，配合相应的惩罚制度也是必要的，这能增加企业的违法成本，有利于引导企业以正确的方式来追求利益。但是，从发展循环经济的角度来看，发挥法律激励功效会优于发挥惩戒的功效。

循环经济中需要政府支持才能使发展循环经济的外部效益比内部效益更高。从长远角度看，如果处理得当，真正做到统筹发展，循环经济实际拓展了经济发展空间，可以增加就业机会，促进经济增长，实现环境、资源和经济、就业多方共赢。为了贯彻循环经济理念，不被短期目标发展情绪影响，循环经济法律制度的建设非常必要且紧急。

在循环经济行为中，除了政府和企业之间的博弈外，企业与同业竞争企业、上（下）游企业、消费者和政府部门之间也存在博弈关系。这些关系的策略选择，也依赖于循环经济法律制度的保障和推动。

同行企业间，为了实现循环经济，遵循循环经济法制，一些企业会致力于循环经济技术创新，这就增加了企业成本，因此同业竞争企业在谁先做出循环创新模式的表率会进行博弈。为了循环经济的发展，推动循环经济技术创新，需要法律制度对先行者进行奖励，并且设置相关措施使关键企业采取循环经济新型模式，有利于循环经济的发展与推广。

循环经济是一种大型闭环经济模式，要做到再循环，因此处于上下游的关系的企业之间，处于循环经济的循环路径上。上游企业所产生的尾料，可以成为下游企业的原材料。因此上下游企业间存在着一定的博弈。只有同时满足上下游企业对收益的追求，上下游企业才会进行互惠合作，实现循环经济中资源的循环利用。这对循环经济法律制度的配套设置提出了很高的要求，面对的情况非常复杂。

消费者购买循环产品的基础是拥有循环产品的相关信息以及拥有环境、生态的保护意识。追求效用最大化的消费者是否选择循环产品和追求利润最大化的企业是否生产循环产品会进行博弈的。此时也是将法制收益回馈至产品收益中，才能保证循环经济的良性发展。

第三节 我国循环经济法制建设存在的问题及原因

一、我国循环经济法制建设存在的问题

从循环经济法制建设的经验来看，我国现行循环经济法制体系在非经济方面存在以下问题。

（一）法律成本高

立法多滞后，加大了时间成本；大数据环境还有待建设，信息数据收集成本高；从意识形态到经营方式的变革，法律的社会成本较高；循环经济和循环经济法制建设起步晚，法律的供求关系失衡；全新领域的构建，造成法律的实施成本高，而预期效果难以达到。

我国已经在法律的各个效力层级建立了促进循环经济发展的相应的法律规范，但从总体上看，我国的循环经济法制建设还处于初级阶段。

在建构循环经济的法律体系上，与生态文明的理念依然有差距。

首先，以行政管理手段为主要内容框架的立法理念。虽然从《清洁生产促进法》到《循环经济促进法》，我国循环经济立法突出了“促进型”法的特点，但在其他相邻立法以及下位法，包括行政法规、规章等的制定方面，仍然偏重于“管理型”法的特点，突出对循环经济某些领域的“行政管理”，而不是以法律、经济、技术手段为主，行政手段为辅。在立法名称上呈现很明显的“行政管理”法倾向，不符合生态文明理念下对立法的整体性、系统性和促进型要求。

其次，以部门立法和利益分割为主要程序特征的立法理念。一些循环经济立法并不是从循环经济本身固有的经济规律和生态规律出发，而是从部门角度和部门利益出发，来设计立法的结构和逻辑，各个部门都试图通过立法和政策制定来

为本部门争取更多的管理权限，有利益的事情各个部门争着做，没有利益的事情各个部门则互相推诿。同时在立法过程中常常为行政相对人设定更多的义务和责任。这一立法程序特征显然与生态文明的理念要求不相符合。

由于立法理念对法律体系的建构产生的影响，循环经济法制建设在宏观结构方面就出现不少问题，领域覆盖不全、重复立法、法律法规相互矛盾。

（二）纵向体系问题

从循环经济法制建设纵向来看，不同效力等级的循环经济法律法规存在的问题主要表现在如下几个方面。

首先，缺乏宪法循环经济条款的根本指导。虽然宪法中的相关规定宣誓性地确认了保护环境与自然资源是国家的一项基本职责，这是制定与环境保护和资源利用相关的其他规范必须遵守的根本规定。但是，宪法中没有规定国家发展循环经济的重大经济社会发展战略转型，这使得循环经济法律体系缺乏宪法的直接指导。还没有宪法规定意义上的“基本法律”。而且现行法律制度存在可操作性不强，不能适应新形势下污染防治和发展循环经济的要求。我国的经济形势近几年发生了极大的变化，现行的有关环保法律制度中的一些规定在面对这些问题时常常已不适应。

其次，循环经济法律体系构成不完善，出现部分领域面临立法空白，导致无法可依。在立法和执行过程中未明确执法方向性、未确定执法部门，同时全国联合执法部门缺乏执行力。缺乏专门性的立法，生态农业、生物多样性、资源综合利用和消费等专门领域的依然处于法制空白状态，而相应的行政处罚、行政强制等一些程序性法律规范也无处施为，从而影响到循环经济法律的实施。我国行政执法存在执法不严、执法力量薄弱、执法技术落后与手段单一的问题，从而使法律对循环经济发展的保障作用难以得到实现，阻碍循环经济的发展。

再次，发展循环经济涉及多重多样领域，循环经济涉及很多技术性标准、规范和要求。我国目前循环经济法律体系中缺乏必要的强制性标准等技术法规，包括高耗能、耗水行业的市场准入标准、能效标准、取水定额标准、生态设计标准、环保绩效考核评价标准，等等。循环利用工业内部废弃物和非专业劳动力和社会生产闲散劳动力参与率极低，在相对分散的整个经济体系中，专业的生产资源和独立的企业系统发展缓慢。循环经济的法律体系缺乏指导的实践经验，极大地阻碍了循环经济的法律的实施。

最后，地方立法明显不足。我国人口众多、幅员辽阔，经济发展有不平衡差异，各地区对循环经济发展的重视程度也存在差异，与循环经济相关的地方性法规和规章，在不同地区的数量、质量和层次也是参差不齐。从地方法制建设的内容来看，很多都是机械地从属于中央立法，以至于照抄照搬中央立法。缺少有结合实际地方情况的新内容和新措施，缺乏地方特色。而且，很多地方性法制法规不严谨，甚至与上位法相抵触等情形。

(三) 横向体系问题

横向的循环经济法律体系除了《循环经济促进法》外，还包括环境保护、资源、能源、生产、流通消费、废物综合利用等领域的法律。这些法律与《循环经济促进法》之间的相互重合和不协调问题比较突出，某些方面的规定甚至相互矛盾和冲突。

我国目前循环经济相关法律法规，见表 2-1。

表 2-1　我国循环经济法律体系国家层面的主要法律法规❶

类别	名称	立法目的
龙头法	《循环经济促进法》	从宏观上规范循环经济，并对循环经济的重点方面进行具体规定
单行法	《清洁生产促进法》	规范生产环节的循环经济活动
	《节约能源法》	节约能源，提高能源利用效率
	《可再生能源法》	替代利用清洁能源
	《固体废物污染环境防治法》	规定固体废物的减量化、再利用和资源化
	《绿色消费促进法》	规范消费活动，实现消费环节的资源节约
	《资源有效利用促进法》	促进资源利用率的提高，节约资源
	《生态农业促进法》	促进生态农业的发展
	其他法律，如水法、森林法、草原法等	有关循环经济的规定
	其他基干法	根据循环经济发展需要适时制定
配套法规	《节约用水条例》	促进水资源的节约利用
	《公共机构节能条例》	推动公共机构节能，提高公共机构能源利用效率，发挥公共机构在全社会节能中的表率作用
	《资源综合利用条例》或《废物循环利用条例》	规范循环利用活动，促进循环利用率的提高，减少循环利用过程的污染和危害
	《民用建筑节能条例》	加强民用建筑节能管理，降低民用建筑使用过程中的能源消耗，提高能源利用效率
	《废弃电器电子产品回收处理管理条例》	规范废弃电器电子产品的回收处理活动，促进资源综合利用和循环经济发展
	《垃圾处理条例》	促进垃圾减量化、再利用和资源化

❶ 乔刚．生态文明视野下的循环经济立法研究［M］．杭州：浙江大学出版社，2011：161-162.

续表2-1

类别	名称	立法目的
配套法规	《国务院关于加快发展循环经济的若干意见》	促进循环经济发展
	《国务院办公厅关于限制生产销售使用塑料购物袋的通知》	限制塑料购物袋的生产和销售，控制“白色污染”
	《促进产业结构调整暂行规定》	通过产业结构调整来促进环保绿色产业的发展
	其他配套法规	根据循环经济发展需要适时制定
配套规章	《容器与包装物分类回收与利用法》	促进对容器与包装物分类回收与利用
	《再生资源回收管理办法》	规范废物回收活动，促进废物交易
	《家电回收管理办法》	促进对废旧家电的回收利用，并保障安全
	《报废汽车回收管理办法》	促进对报废汽车的回收利用，并保障安全
	《民用建筑节能管理规定》	促进建筑节能
	《产业园区环境管理办法》	促进区域循环经济的形成和健康发展
	《高耗能特种设备节能监督管理办法》	提高高耗能特种设备的能源利用效率，促进节能降耗
	《公路、水路交通实施〈中华人民共和国节约能源法〉办法》	促进公路、水路交通节约能源，提高能源利用效率
	《废旧轮胎回收利用管理办法》	促进对废旧轮胎的回收利用
	其他规章	根据循环经济发展需要适时制定
配套规范性文件	《企业清洁生产审计手册》	实施清洁生产审计制度
	《节能产品政府采购实施意见》	促进政府绿色采购
	《财政部、环保总局关于环境标志产品政府采购实施的意见》	促进政府采购环境标志产品
	《关于鼓励发展节能环保型小排量汽车的意见》	鼓励发展节能环保型小排量汽车
	《中国节水技术政策大纲》	节水技术指导
	《电石、铁合金、焦化行业准入条件》	通过行业准入，规范高能耗行业的发展
	《关于对部分资源综合利用产品免征增值税的通知》	规范综合利用产品的增值税优惠
	《资源综合利用目录》	界定资源综合利用的范围
	其他规范性文件	根据循环经济发展需要适时制定

（1）与生态环境保护领域立法的不协调。生态环境保护领域的立法主要涉及污染防治问题，并且均是在《循环经济促进法》之前颁布，其中与循环经济

相关的部分条款，立法理念和制度安排均已不能适应循环经济发展的需要。特别是1989年制定的《环境保护法》，这是环境基本法，在新的历史形势下，不仅不符合循环经济发展的要求，也不符合污染防治的要求。但是《固体废物污染环境防治法》是在我国《清洁生产促进法》颁布之后修订的，因此该部法是现行所有环境立法中与循环经济最为接近的立法。该法与《循环经济促进法》在减少固体废物产生和循环利用固体废物的问题上具有重合之处。因此，如何协调两者间的重合，避免重复规定和空白漏洞，让二者既分工又合作地妥善解决相关问题，是法制建设中要认真对待的问题。

（2）与资源开发利用保护领域立法的不协调。我国现行资源开发利用保护领域的法律主要这对特定资源，比如，水资源、矿产资源、土地资源、森林资源、渔业资源、草原资源等。这些法律的调整范围主要是针对相应领域的资源开发、利用以及保护问题。就与循环经济的关系看，大体可分为两种情况：一是相关使用、节约和循环方面，有支持作用；二是针对管理制度设计的，总体上与循环经济联系较少，其中有少量有关内容条款与循环经济有所关联。因此，循环经济法律建设还要对相应资源的循环使用进行修订或补充。

（3）与能源立法的不协调。从20世纪80年代初期到现在，我国的能源立法已经初具规模。特别是其中《节约能源法》和《可再生能源法》，直接体现了发展循环经济的要求。但现行的能源法律体系，也还存在能源基本法缺位，已有的一些能源立法，由于制度设计上的措施有限，导致实施效果不强。循环经济法制建设与能源法制之间要以相协调为目标，两个法律部门之间是相互合作与相互支持的关系。

（4）与清洁生产领域立法的不协调。虽然在一些资源使用、废物利用以及资源综合利用的政策法规不同程度地对生产领域有关循环经济的活动做出了规定，但这些法的重点毕竟关注的不是生产本身。循环经济的最新发展，是要在生产领域就使用循环经济理念，从源头进行治理。目前与循环经济关系最为密切的立法应是《清洁生产促进法》。但是现行清洁生产法是以促进法的方式建立的，法律责任条款太少，鼓励性条款虽多却难以落实，因此该法的约束力低和实施效果不理想。

（5）与流通消费领域立法的不协调。目前，流通领域与循环经济相关的立法几乎没有，造成循环经济法制建设不能覆盖循环经济的闭环路径。虽然部分法律在一定程度上都涉及了消费领域，但从总体上看，除去一些原则性的要求外，我国现行法律法规中，鲜有在消费领域与循环经济相关的专门性具体规定。利用市场手段（如税费、财政信贷政策等）调控消费行为引导循环经济理念的消费习惯基本空白。

（6）与废物回收和循环利用方面立法的不协调。对废物管理（包括回收、再利用与处理处置系统）的法律、法规和政策，除了来自环境保护领域的《固体废物污染环境防治法》等法律外，另外一个重要的领域便是我国有关资源综合利用的法律法规或政策。这方面的立法内容不少，还有专门针对特殊类别废物的相关法律法规，但是立法层次较低，大多还停留于政策的规范性文件层面，还没有形成统一的资源综合回收利用法律。立法层次不高，造成资源综合利用法规实施的有效性不足，而不同部门出台的规章、政策或文件也存在一定的冲突，从而制约了循环经济法制建设的发展。

（四）与发达国家循环经济法制建设存在差距

德国包括联邦和各州在内约有 8000 多部环境法律和法规，欧盟出台的 400 多部环境方面的法规在德国具有相应的法律效力，一整套较为完善的循环经济方面的法律体系在德国已经基本建立。

德国的循环经济法律制度包括以下几个制度：规划和目标制度；废物收费制度；生态税制度；押金返还制度；废物处理产业化制度；废物回收体系制度。德国的循环经济法律保障机制很好地促进了循环经济的发展，不仅使得废弃物循环利用率明显上升，还使得可再生能源得到长足的发展，更加增加了就业岗位，扩展了就业空间，促进德国经济的健康发展。

日本的循环经济立法是目前世界上最全面、最有规划的，这保证了日本循环经济的充分发展，更保证了日本的资源循环利用效率。日本的循环经济立法分为三个层面为基本法层面、综合法层面、专项法层面。这三个层面的法律并不孤立，而是遥相呼应，共同发挥作用。

日本的循环经济法律制度具体有：事先评价制度；抑制废物形成制度；生产者责任延伸制度，环境报告书制度；经济刺激制度；环境会计制度；环境标志制度；绿色采购制度；科技促进和教育宣传制度。整体制度完全覆盖了循环经济的需求面，形成有机的整体。

循环经济法制建设是为循环经济发展提供有效的法律保障。循环经济法制建设要立足于本国循环经济的发展情况。

循环经济法律体系的构建并非一蹴而就，需要不断地摸索和实践来得到更好的发展。循环经济的法制建设也要把握时势，循序渐进，不断优化升级。作为动态发展中的循环经济，其配套法律也是在动态进化的。

循环经济在中国发展较晚，仍处于建设的初期阶段，缺乏实践经验。初步建立的法律法规，存在很大程度的修正空间。中国过去长期沿袭传统的非持续发展经济模式，与之相应的法制建设也打上了传统经济的烙印。

循环经济法旨在生产、流通、消费各个环节中加强对于污染物和废弃物排放的控制，明确生产者的责任并扩大生产者的费用负担，来促使企业转变传统的先污染后治理观念，转为积极利用有限资源。

纵览发达国家，各个政府都十分重视循环经济方面的法制建设，在我国，已经将循环经济发展列为发展战略目标，但是目前相应的法制建设还存在落后于发展需求的情况。

我们国家设置的循环经济的监督管理机构以及各机构监管职权的明确划分便使得循环经济立法中形成了监督管理的机制，这是循环经济有效发展的重要措施。循环经济法制建设涉及金融、税收、环境保护、科技发展、农林牧业、建筑建设、资源等。循环经济的健康发展需要各方面相关部门的通力合作，各部门明确职责，保证循环经济的方针计划与实施能够有效统一。但是我国国情，由于传统的政策法规，一些部门和责任设定无法满足循环经济需求，有待于进一步的改革。

目前我国国情下，循环经济还处于发展初级阶段，相应的法制建设还处于摸索完善过程中，国外的相应法制建设有相应可以参考的经验教训。

循环经济法制建设有利于国内循环经济的国际化，更好地与全球化经济接轨。

（五）群众认识不到位

循环经济法制建设过程中，缺少具有诚信和凝聚力的法律宣传，不注重循环经济发展在整个宣传过程中的重要性，公众缺乏保护环境、节约资源的意识。企业和个人没有形成自然的循环经济理念，不重视可持续发展，习惯于环境粗放型生产模式，持续破坏生态环境。法律法规所具有的预防作用明显下降甚至失效，形同虚设。

同时，循环经济作为决策过程中一个非常抽象的概念，公众无法在短期内进行深入的了解，进而在企业改革和生产过程中无法有效地使用。

二、我国循环经济法制建设存在问题的原因

作为公共品，法律制度显然遵循一般制度性公共品的供给和需求规律，但一般公共品的需求都局限在一定的领域内，不会涉及更大范围的公共品的配给。而法律制度却与此不同，高位阶的制度供给对配套性制度的需求推动作用更为明显。从法律实施的角度来看，法律的有效实施不仅取决于法律本身是否符合社会公众的根本利益，还取决于有关法律供给之后相关的配套法规是否及时出台，取决于法律体系内部是否协调一致，取决于社会公众对法律规范是否有正确理解。

在我国国情下，循环经济法制建设存在的问题主要源于以下几个方面。

（一）供给模式的影响

我国的制度供给以政府推进型模式为主，从制度变迁的视角看来，强制性变

迁方式多于诱致性变迁方式。我国法律制度体系以宪法为根本制度，以宪法作为根基进行制度分形和演化。循环经济对传统经济的改革特性，以及广泛参与相关性，对法制的建立、实施都提出了重大挑战。

我国法律制度供给的价值目标取向单一，大多以短期的改革目标为主，而忽略了长期的、可持续、制度化的供给模式。因此在立法理念转变的过程中，法制转向成本较大，且旧法制法规容易与新法制法规形成混乱、边界不清等问题，设置可能产生矛盾。另外，在制度供给形式上，政策性规范多于法律性规范，法律和政治的边界不清，容易造成执法和监督成本增加。

随着科学技术发展，经济全球化增强，信息公开化程度增强，法律制度的最终决策和法律制度的正式形成中，更加趋向于多方博弈下的均衡状态。这就使得循环经济法制建设中需要考虑和获取的信息就更多更复杂，可是欠缺的反馈机制，使得循环经济法制建设无法及时正确地获取有用信息。

“反馈”本是系统科学中的概念，在法律中它主要是指对前一行为对后一行为的一种加强或是削弱的作用。有正反馈和负反馈两种情况。而在循环经济法中，反馈机制就是行为结果与行为过程的相互作用，法的价值主体根据行为结果的好坏反映到行为过程，反馈给价值主体，从而对运行地过程行为进行调节，使最终结果符合价值主体的需求。

稳定且体制化的反馈机制对于循环经济法的发展起到良好的调节作用。通畅的反馈渠道、及时的反馈信息处理、反馈方式形式的多样化，可以保证循环经济正确而良好的运行，并且指导循环经济法制建设的执行和调整方向。

（二）经济现状影响

我国法律制度供给的过程呈现稳定性、连续性、复杂性和渐进性。由宪法衍生而来的各部门法、进而衍生的各层次法规、规章、规范性文件等规范是它的派生制度，其共同构成了社会法律制度系统的缜密结构。

伴随经济的发展、科技的进步，人类社会开始进入全球化时代，在全球化的语境中，中国的法律制度供给必须在全球化和本土化之间恰当融合。因而制度需求的来源就具有了复杂性，需要从国内和国际两种视角中产生。在全球化影响下的制度供给，不仅需要满足该制度所涉领域的国际水平，同时还要结合中国的本土化特色，在二者之间寻找平衡。因此，在制度的供给上又呈现出复杂性的特征。

（三）法律供需关系的影响

就法律制度供给数量和规模来看，我国法律制度结构系统内部分形层次衔接不够紧密。体现在基本法律制度和衍生法律制度的互动不够紧密，各部门法之间的制度供给缺乏平衡。

循环经济涉及社会生活的方方面面，各方利益的博弈情况下，就影响到法律制度设立与执行具有偏向性，造成循环经济法律制度建设的分布不均，覆盖面不广的问题。循环经济相关法律法规数量看起来很多，但是相互衔接不紧凑，相互制约，给执法带来困难。

此外，中国传统中的礼法观念，以及长久历史中的从属观念，相应的非制度性元素也影响着我国法律制度的正式供给。文化的性质影响着制度主体行为和制度的供给。

从立法层次上看，多数地方立法形式为政府或部门规章，而由地方人大或者人大常委会颁布的地方性法规为数较少，而地方政府又大多委托地方行政主管部门负责起草工作，由于在起草工作中没有行之有效的立法监督，受部门利益的影响，往往使得这些规章烙下部门利益的痕迹。因此，总体上看，地方有关循环经济的立法明显不足。部门和地方竞相出台法规，在一定程度上导致了部门分割，地方独立，使市场竞争受到限制，使资源受到损失。

（四）循环经济相关理念发展情况的影响

对于循环经济的认识和理解，本就存在许多不同的见解，目前学界对它的定义不下几十种。这也造成在进行循环经济法制建设过程中，受到意识情况不同而发展不同，并且形成法制框架的不同，虽然都能解决部分问题，但从整体性来讲，是分裂或者说是不全面的。

传统的环境相关法制把本来相互联系密切的一个生态环境整体从行政体制到立法分割开来。自然资源，上至大气层，下至岩石圈，是密切联系相互依存的一个整体、一个系统，有许多共同特征。虽然有的法规强调综合开发利用，有的法规强调纳入国民经济发展计划，但是，把森林、草原、矿产、大气等作为个体看待，他们在自然资源这个大系统中的相互关系，在法规中无法体现。

循环经济法制建设强调资源的总体规划、综合保护和综合开发利用，使各类资源互补，形成良性的循环经济。对于资源和环境管理，虽然行政体制分立，但是立法可以把资源和环境放在一起，覆盖资源环境全部内容。

循环经济在发展中，随着经济环境、科学技术、民众意识等方面的发展，甚至是新型经济关系的出现，相关理念和方法也在发展中。因此，循环经济法制建设是动态的建设，如果只是用陈旧的理念和方式、方法来进行处理，必然会出现法制建设与社会实际需求不符的状况。

第三章　我国循环经济的立法考量与基本制度及法律体系

循环经济在欧美发达国家已经有二十几年的实践，并且取得了很大的成就。然而取得这些成就的举措是以立法为先导，把循环经济全面纳入法制化轨道加以推进。在我国，基于可持续发展战略，自从20世纪末以来理论和实务部门逐渐重视循环经济对传统经济模式缺点的矫正，但是在立法方面缺少与发展循环经济相配套的完整的法律体系。

第一节　我国循环经济的立法考量

一、我国循环经济立法的基础和价值追求

（一）选择循环经济立法模式的基础

1. 落实科学发展观

科学发展观的重大创新在于它把全面、协调和可持续发展作为核心内涵，解决了要发展、为什么要发展以及怎样发展的重大问题。

要坚持和落实科学发展观，必须改变传统的发展思维模式，努力实现经济发展、环境生态保护和整个社会的全面进步。其中极为重要的任务就是要加强对自然资源的合理开发和利用，保护生态与环境，促进人与自然的和谐发展，以最少的资源代价谋求经济社会最大限度的发展。循环经济解决了经济发展与环境保护之间的矛盾，是实现人与自然和谐的重要出路，与科学发展观的指向是完全一致的。因此，循环经济立法必须以科学发展观作为立法指导思想。

2. 正确认识和把握循环经济本质

加强循环经济法制建设，要在法律中充分体现出循环经济的本质要求。循环经济的本质是市场经济体制下的一种经济增长方式或经济发展模式，遵循经济规律。在商品经济社会中，每个“经济人”都在追求自身效益的最大化，而不能带来经济效益的公益事业则只能由政府来做。在循环经济立法过程中，充分重视发展循环经济，将循环经济有关的制度建设纳入市场经济轨道上，使循环经济法律法规充分反映出循环经济的本质要求。

3. 立足国情

我国的循环经济法律要能得到很好的贯彻和执行，法律的制定不能照搬国外法律，必须符合我国的国情，能够解决我国的实际问题。世界各国的地理条件、环境、资源、人口、文化等各具特点，各国只有建立与其国情相适应的法律制度，才能有效地保护其资源和环境。我国作为一个发展中的大国，地区之间发展极不平衡，自然条件也千差万别，环境问题存在多样性、复合型和并发性的特点，这决定了我国的循环经济立法必须从实际出发，既要吸收发达国家的经验，又要结合我国的国情，遵循循环经济立法进度与环境意识提高程度相适应的原则，逐步建立起完备的循环经济法律体系。

4. 重视法律的引导和教育作用

循环经济的发展离不开法律的保障，我国循环经济立法重视法律的鼓励、引导和教育的作用，从而充分发挥其对经济的推动作用。法律激励功能的发挥比法律惩戒功能更为重要。我国在立法过程中转变思路，激励企业走循环经济的道路，使他们有利可图。这样，在经济利益的驱动下，从事循环经济的主体就从消极被动的“要我循环”转变为积极主动的“我要循环”，因此循环经济立法中要体现了行政指导、经济刺激和公众参与等各种不同的法律激励手段的运用，为循环经济的发展提供法律推动力。

（二）我国循环经济立法的价值追求

在进行循环经济立法时，存在着各种利益的冲突和协调，循环经济立法就是对各种利益的权衡和调节。我国循环经济立法的价值取向包括：确保可持续发展、促进经济效益、实现生态安全，从而推动环境效益、经济效益和社会效益的相互协调，建立起一个资源节约和循环型的社会。

1. 可持续发展

所谓的可持续发展指的是“既满足当代人的需要，又不对子孙后代满足其需要的能力构成危害的发展方式”。可持续发展思想作为一种划时代的全新发展理论，是环境危机逐步深化的反映，是现代生态和经济系统基本矛盾日益激化的必然产物。

改革开放后我国经济的高速增长带来两大问题：一是环境污染严重；二是资源能源消耗量过大。传统的以资源和环境为代价的粗放型经济增长模式难以支撑我国经济和社会的可持续发展，一种既可以实现经济发展又能满足环境资源可持续发展需要的经济模式——循环经济模式营运而诞生。循环经济倡导的是一种与环境和谐的经济发展模式，它要求把经济活动组织成一个“资源—产品—再生资源”的反馈式流程，从而把经济活动对自然环境的影响降到尽可能低的程度。作为新兴产物，循环经济需要立法进行规范和保障。循环经济法主要调整人们在循环经济活动中的行为和活动，强调在循环经济活动中经济发展与环境资源和谐并存和可持续发展。因而，可持续发展是制定循环经济法律规范的最重要的价值追求之一。

2. 经济效益

效益在经济学上是指以最少的投入获得较大的产出。按照传统的线性经济模式，人类高强度地从地球上攫取各种资源，之后又以污染物和废弃物的形式排向承载能力有限的生态系统，从而造成环境资源利用效率很低。循环经济倡导的是一种与地球和谐共存的高效率的经济发展模式，追求的是以比较少的环境资源投入取得更大的产出，它的主旨是要将经济活动组成一个“资源—生产—消费—二次资源”的闭环过程，从而获得更高的经济效益。

循环经济不仅是一种经济发展模式，而且还是一种经济增长的方式。对循环经济而言，发展经济仍是主导性的，没有经济效益的循环，物质、能量及废弃物的循环利用是难以为继的。实践证明，循环经济能够以更少的资源消耗、更低的环境污染实现更大的经济效益。但是经济效益的实现和提高需要用法律的形式确保，循环经济法通过调整人们在循环经济活动中的行为和活动，提高对环境资源配置和利用的经济效益，因而经济效益也是循环经济立法的价值追求。

3. 生态安全

生态安全是指“一国生态与环境在确保国民身体健康、为国家经济提供良好支撑和保障能力的状态”。生态安全包含两层含义：一是防止由于生态与环境的退化对经济基础构成威胁；二是防止由于环境破坏和自然资源短缺引发人民群众的不满，从而导致国家的动荡。

秩序是法律的基本价值之一，而安全则是秩序的核心，生态安全是与法律秩序有着密切联系的，构建能够实现生态安全的法律秩序是国家的必然选择。然而我国的国情是资源禀赋较差、人口众多、生态与环境脆弱，环境污染和生态破坏引起的环境安全与资源安全问题制约了我国社会和经济的可持续发展。循环经济是以实现经济、社会和环境可持续发展为目的的生态经济模式，把经济发展和生态环境保护有机结合起来，运用生态学规律指导经济活动，是一种可以在最大程度上实现生态安全的经济模式。因此，生态安全也成了循环经济立法的又一个价值追求。

二、我国循环经济立法的定位

循环经济法以环境利益和经济利益有机结合为本位的，既属于环境法的范畴，也属于经济法的范畴。之所以说其既属于环境法的范畴，也属于经济法的范畴，是因为，无论是其产生背景、立法目的，还是调整对象和调整方法，都是围绕生态文明和可持续发展展开的。

（一）从循环经济法的产生背景看定位

循环经济立法是基于我国经济发展遭遇资源短缺和环境污染的双重制约，而我国现有立法不能提供法律保障而提出来的。

改革开放以来，我国各方面的发展取得了举世瞩目的成就，但是相应地，我国的资源环境问题日益突出。过去那种高投入、高消耗、高污染的经济增长模式已经严重阻碍经济和社会的可持续发展，必须大力推行节能减排，这样才能解决我国的经济增长面临的环境与资源瓶颈。如果继续沿袭“粗放型”的经济增长方式、“浪费型”的资源利用模式和“事后治理”以及经济发展和环境保护“两张皮”的环境污染防治模式，势必造成资源难以为继、环境治理防不胜防和不堪重负的被动局面，经济发展也将失去资源和环境的双重支撑，从而难以持续。因此，发展循环经济，推行节能、降耗、减排就成为我国经济发展的必然选择。由于我国原有立法均不能担当此重任，因此制定专门的循环经济法便成为理所当然的事情。

（二）从循环经济法的立法目的看定位

1. 高效节约资源

循环经济提出了以提高资源利用率为核心的正向节约，这主要是依靠生产和消费中的正向节约、产业园的横向节约、循环利用的反向节约和开发可再生资源的替代节约来实现。

2. 有效保护环境

传统保护环境的方法是环境保护和经济发展“两张皮”的末端治理，不仅治理效率低下，而且成本上也不划算。循环经济主张把环境保护和资源节约纳入经济发展的全过程，实现经济发展和环境保护的一体化。通过经济社会发展过程中的源头消减，大大提高环境保护和资源节约的效率。

3. 可持续发展

从循环经济法的终极目的看，该法以保障和促进可持续发展为最终目的。可持续发展与循环经济之间是一种长远目标与具体实施手段的逻辑关系，发展循环经济是为了实现可持续发展。循环经济法通过“减量化”——降低资源损耗和减少废物和污染产生；“再利用”——把尚有一定使用价值的物品通过修复、翻新、再制造以延长使用时间；“资源化”——把废物用作原材料，有助于实现资源的可持续利用，使社会生产从数量型的物质增长转变为质量型的服务增长，从而促进可持续发展。

（三）从循环经济法的调整对象看定位

循环经济法主要调整如下活动与行为是关于发展循环经济的管理活动、资源开发利用活动、清洁生产活动、流通活动、服务活动、绿色消费活动、废物回收活动、循环利用活动、无害化处置活动、循环型产品的再商品化活动等。这些活动中一部分属于传统经济法的调整对象，譬如政府部门干预循环经济的活动；一部分属于环境法的调整对象，譬如清洁生产活动和废物回收活动。

此类活动与行为的开展既需遵循生态规律的要求，也需遵循经济规律的要求。也就是说，循环经济只有在符合生态规律和满足环境承载力的前提下的循环才是“健康”的循环；同时，循环经济只能在符合经济规律的条件下的“循环”才是“有效”的循环，才具有强盛的生命力，方能长盛不衰。

（四）从循环经济法的调整方法看定位

循环经济法综合运用经济法和环境法的调整方法和制度设计，该法或者运用经济法的手段去实现环境法的目的，或者直接运用环境法的手段去实现环境法的目的；或者运用强制性的经济管制手段，或者运用诱导性的经济刺激手段，以求有效节约资源和高效保护环境，最终促进可持续发展。

总之，循环经济不是一般意义上的经济形态，而是与资源的合理开发利用、能源的节约使用、废物的再生利用、环境污染的防治以及绿色消费相关的经济形态，它在本质上是一种生态经济、绿色经济。与之相对应，循环经济法不是一般意义上的经济法，而是以资源合理利用、能源节约、环境保护和绿色消费为目的，旨在促进和保障经济和谐发展的经济法。循环经济法也不是一般意义上的环境法，而是涉及产业结构升级、经济布局优化、资源集约利用、清洁生产、绿色消费、废物综合利用等国民经济方方面面，运用经济法、行政法和环境法的各种手段实现经济社会永续发展的环境资源法。

三、我国循环经济立法的基本原则

我国循环经济法律的基本原则应当确立为减量化、再利用和资源化原则和共同责任原则。这两个基本原则最能体现循环经济法的生态文明理念以及人与自然和谐发展的价值追求。

（一）减量化、再利用和资源化原则

减量化、再利用和资源化原则又称为“3R”原则，即 Reduce（减量化）、Reuse（再利用）和 Recycle（资源化）。“3R”原则是循环经济法的主线和基本原则，如图 3-1 所示。

该原则已经规定和体现在现行循环经济立法中。《循环经济促进法》第二条在定义时就明确规定：“本法所称循环经济，是指在生产、流通和消费等过程中进行的减量化、再利用、资源化活动的总称。”第四条规定，“发展循环经济应

图 3-1 循环经济 3R 原则

当在技术可行、经济合理和有利于节约资源、保护环境的前提下，按照减量化优先的原则实施"。另外，该法第二章和第三章分别规定了"减量化"和"再利用和资源化"。从法律规范形式上看，该原则已经贯穿于《循环经济促进法》的始终。

1. 减量化要求

减量化要求是指在生产、流通、消费和循环利用等过程中通过优化经济布局、产业结构升级、集约利用、清洁生产和绿色消费等措施，最大限度地减少对原生资源的消耗，降低废物和污染的产生。减量化要求各项社会活动减少进入生产和消费过程的资源和能源量，其实质是要求人们在生产或消费的源头考虑节约资源，提高资源能源利用率，防止废物产生，而不是把眼光放在废物产生后的治理上。

2. 再利用要求

再利用要求指的是将废物直接作为产品或者经修复、翻新、再制造等措施后继续作为产品使用，或者将废物的全部或者部分作为其他产品的部件予以使用。它强调人们在生产、流通和消费等过程中，尽可能多次或者以尽可能多的方式重复使用物质，以防止物品过早成为垃圾。

3. 资源化要求

资源化要求指的是将废物的全部或部分直接作为原料或辅料进行利用，或者经过加工后将废物的全部或部分作为原料或辅料予以使用；或者将生产、消费等过程中产生的余压、余热等余能予以利用，以及将蕴含在废弃物中的能量予以开发利用等活动的总称。资源化原则在循环经济法中体现为一系列回收利用制度，强调发挥资源的最大利用效能，最大限度地从源头减少废物的产生。

"3R"原则是循环经济法的最重要的原则之一，贯穿于生产、流通、服务、消费、污染防治、物资处置等各个阶段。“3R”原则的三个具体要求在循环经济法中并不是处于完全并列的地位，而是有一定位序的。首先，必须坚持减量化优先；其次，对于源头不能削减但可利用的废弃物和经过消费者使用后的包装废物、旧货等要加以再利用和资源化，使它们回到经济循环中；只有那些不能利用的废物，才允许做最终的无害化处置。

（二）共同责任原则

共同责任原则是指根据循环经济法的规定，政府、企业、个人和社会对于循环经济的发展负有共同的责任和义务。共同责任原则的立法旨意在于：突破生产者责任、消费者责任和政府责任这三类责任的相互独立和“各自为政”的状态，扩大三类责任的内容，并且实现三类责任的相互关联和有机融合。

循环经济是一项系统工程，要充分发挥政府、企业、社会和公众等各方面主体的共同作用，做到政府调控、企业运作、社会督促和公众参与的有机结合和互动推进。

1. 国家职责

推进循环经济是国家的职责，需要政府建立和完善相关的法律法规、政策体系和标准规范，加强公共管理与服务，以促进企业推行循环经济模式、引导公众树立循环经济意识，养成循环经济消费习惯。

2. 企业责任

企业是循环经济发展的主体，“减量化、再利用、资源化”三项原则主要靠企业来实行，企业运作的成效是发展循环经济的关键。共同责任原则也主要依靠企业加以落实。

3. 公众义务

社会组织（包括非政府组织和其他组织）和公民个人是推动循环经济发展的重要动力。他们在以实际行动推动循环经济发展，以及监督政府和企业履行其相应义务方面，发挥着不可替代的作用。

在发展循环经济过程中，国家各部门、地方政府、企业、非政府组织和公众等相关主体，应根据循环经济法规定的各自的责任和义务，发挥各自应有的职责和作用，互相协作，形成良好的合作伙伴关系，共同推动循环经济的发展。

第二节　我国循环经济的基本制度

一、国家、企业、公众责任分担制度

目前，我国已经建立了以《循环经济促进法》为核心，以其他各部门相关法律制度为骨干的循环经济法律支撑体系，确立了以经济增长作为社会发展的首

要目标，但在处理生态、经济、社会之间的相互关系中并没有摆脱线性经济运行机制的束缚，没有建立起促进循环经济有效运行的社会保障机制，在生产责任、消费模式和公众参与等领域，还存在很多问题。

循环经济的建构是一个庞大的系统工程，我国现行循环经济法律制度体系还不健全，对我国循环经济的主体权利和责任不明确，制约和束缚了循环经济健康发展。要想解决这一问题，有赖于企业、政府、公众的参与和合作。因此，在有关循环经济法律制度中明确相关主体的责任至关重要。

（一）政府部门

1. 循环经济中政府部门责任制度存在的问题

政府部门的宏观调控功能有待加强。循环经济是维护资源的循环利用，体现的是维护社会的自然资本，具有显著的公共效益。政府部门作为公共机构应当代表公共利益，在循环经济中发挥积极作用。当“无形之手”的力量不足以阻挡公共利益的损失时，需要政府部门的“有形之手”伸出来，为循环经济的发展提供良好的社会环境和有力的制度支撑。

当前，可持续发展虽然已经成为国家发展的重要战略，但政府部门在推行循环经济发展中并没有将发展循环经济作为宏观经济调控政策的基本内容，也没有采取切实可行的具体措施。首先，国家的宏观调控政策主要集中于利用财政政策和金融政策调控经济总量，使得政府不同部门存在按照部门利益和业绩需要进行“有选择”的执行的现象，循环经济的发展仍然边缘于主体经济政策之外。其次，循环经济中的政府主导并不意味着政府干预，现在循环经济生态城市试点的现状反映出政府的越位和干预现象严重，“包办”扼杀了市场主体的选择权。

循环经济法制建设中，政府部门具有保护生态资源、遏制市场配置风险的主导功能，其责任设置具有重要的意义。

2. 循环经济中政府部门的角色

我国发展循环经济是在市场经济条件下进行的。市场经济中，市场机制在社会资源配置中起到基础性作用。然而，市场事实上也会存在市场失灵的情况，市场失灵是市场经济的一个重要的特征，而政府部门的重要经济职能之一便是法律法规的制定以及矫正市场失灵，合理配置资源，维护市场的有效竞争。

（1）立法。我国在2008年颁布的《循环经济促进法》中，在原则上规定了政府部门对循环经济承担的责任。

第五条：“国务院循环经济发展综合管理部门负责组织协调、监督管理全国循环经济发展工作；国务院环境保护等有关主管部门按照各自的职责负责有关循环经济的监督管理工作。县级以上地方人民政府循环经济发展综合管理部门负责组织协调、监督管理本行政区域的循环经济发展工作；县级以上地方人民政府环境保护等有关主管部门按照各自的职责负责有关循环经济的监督管理工作。”第六条第二款：“县级以上人民政府编制国民经济和社会发展规划及年度计划，县级以上人民政府有关部门编制环境保护、科学技术等规划，应当包括发展循环经济的内容。”第八条：“县级以上人民政府应当建立发展循环经济的目标责任制，采取规划、财政、投资、政府采购等措施，促进循环经济发展。”第十二条：“设区的市级以上地方人民政府循环经济发展综合管理部门会同本级人民政府环境保护等有关主管部广编制本行政区域循环经济发展规划，报本级人民政府批准后公布施行。”第十三条：“县级以上地方人民政府应当依据上级人民政府下达的本行政区域主要污染物排放、建设用地和用水总量控制指标，规划和调整本行政区域的产业结构，促进循环经济发展。”

《循环经济促进法》从基本管理制度、减量化、再利用和资源化的原则性规定上，要求各级政府制定循环经济规划，按照规划逐步推行循环经济社会的构建。

（2）建立有效的监督机制。建立有效的监督机制是保障废弃资源物循环利用能够顺利得到贯彻执行的根本。当前我国行政体制内部缺少有效的监督机制，所以，如何建立政府内部的监督机制，是目前的重点课题，现行《循环经济促进法》未能得到切实的贯彻执行，很大程度上归因于对行政职能部门履行《循环经济促进法》所赋予的职责监督不力。因此，在立法上应该强调政府在废弃资源物循环利用方面的责任，对未能按照循环经济规划的部门追究相关责任者的责任。所以，首先，在立法上必须要求各级人大向上级人大提交循环经济规划，对政府工作报告中的废弃资源物循环利用情况进行审议，由代表评议循环经济规划执行情况；其次，建立政府内部自行监督机制，对各级政府执行循环经济规划定期进行检查，即时发现未能切实贯彻执行循环经济规划相关内容的部门，对其约谈问责，对于监督不力的上级机构负责人也同样要承担相应的责任。只有责任明确，并且建立对不作为承担相应的责任体制才能引起相关部门和负责人的重视，才能有效地推动循环经济的发展。

（3）为社会提供公共产品。公共产品的存在是市场失灵的表现之一。公共产品不同于私人产品，由于其具有效用的不可分割性、消费的非竞争性和受益的非排他性等特性，它们不能通过市场由私人部门提供。循环经济中的自然资源与环境一向被视为公共财产，具有公共产品的属性。每个人对资源与环境的消费取决于它向社会提供的总量。虽然它的生产包含着失去生产其他产品的机会成本，但对其进行消费却没有机会成本。资源与环境的另一个特性是供给的不可分性。在许多情况下，个人不论付钱与否都可以对其（如对空气、阳光等）进行消费。空气、阳光、水、土地、矿产等都在不同程度上具有公共物品的特性。正是由于这些公共资源具有上述特性，使得资源被使用过度，环境被破坏，并造成生态失衡。政府执行经济职能的目的之一，就是要避免“公地悲剧”的出现，保证全体社会成员公共利益最大化，有效提供公共产品和公共服务。

(4) 校正外部性。外部性是指私人边际成本和社会边际成本之间或私人边际效益和社会边际效益之间的非一致性，即某些个人或企业的经济行为影响了其他个人或企业，但都没有为之承担应有的成本费用或没有获得应有的报酬。一般把发展循环经济的资源与环境问题归结为资源、环境外部性造成的资源使用浪费、环境退化等后果。资源与环境具有公共物品的特征，因此具有外部性特征。比如，工厂排放脏水而污染了河流，这很少体现在生产者的成本中。针对外部性，如果不予以纠正或抵消，其结果都将是资源配置的失效。因此要求政府部门运用包括财政手段在内的非市场方式对其加以矫正。

(5) 完善市场。政府履行资源配置的职能，还表现为对不完全竞争的干预。循环经济中市场失灵的另一个表现即为相应市场的不完善，市场的垄断与不完全竞争会导致资源配置的失效。政府运用宏观经济政策可以优化市场结构，强化市场功能。

(二) 企业

在发展循环经济的过程中，企业扮演着重要的角色，具体表现在以下几方面。

1. 企业在发展循环经济的过程中承担三重责任

企业是从事生产、流通或服务性活动的独立核算经济单位。按照以往理解，企业几乎只有经济责任，而且主要是为它们产权所有者谋取利益。但现在社会观念发生了变化，企业不仅要承担经济责任，还要承担社会责任和环境责任。环境责任是指保护环境和节约资源。只有同时承担经济、社会和环境三方面责任的企业，才算得上是合格的企业。

2. 企业是发展循环经济的主角

循环经济的核心内容，是在“3R”原则的指导下的物质循环。以工业为例，有以下三个层面的物质循环：小循环、中循环和大循环。小循环是指企业内部的物质循环；中循环是指企业与企业之间的循环；大循环是指企业与社会之间的物质循环。

显然，三个层面的物质循环，都是以企业为主的。小循环发生在企业内部，中循环发生在企业与企业之间，大循环发生在企业与社会之间。可见，企业是发展循环经济的主体。

3. 企业是循环经济“生产者责任制延伸”的承担者

工业物质的大循环，是企业必须关注的大问题。企业不仅要生产产品，而且要负责回收报废的产品，回收其中有用的材料和零部件，这种责任称为“生产者责任延伸”。为了使企业与社会之间的物质循环得以顺利进行，必须建立相应的废品物资回收机制，企业必须承担相应义务。

（三）公众

社会公众包括社会中介、科研机构以及消费者。社会公众不是国家机关，一般也不直接参加生产经营，但在循环经济运行中起着不可或缺的作用。一方面，这些主体是政府管理的对象，是接受产品和服务的对象；另一方面，这些主体某种程度上又是监督者，是实现循环经济的重要支持力量。

公众除了有参与循环经济的权利，还需承担循环经济发展的一定义务。例如，公众有环保义务，即公众也应为回收利用其消费过的物资承担一定的回收利用义务，也就是强调公众对消费品的一种强制性的回收。公众在行使自身权益的同时，也会提高循环利用、环境保护、资源节约意识，从而又会进一步推动循环经济和资源节约型、环境友好型社会的发展。公众的循环经济法责任就是在自己的岗位上和生活中努力实施资源节约、环境友好的原则，监督政府和企业在发展循环经济过程中的行为并提出批评建议等。

二、循环经济信息化建设制度

（一）循环经济与信息化的关系

1. 信息化是循环经济发展的重要纽带

互联网信息技术的创新为循环经济发展提供技术保障。从我国目前循环经济的发展现状来看，其非常需要现代信息技术的支撑。在现代工业生产、产品加工过程中所广泛运用的计算机辅助技术、过程控制技术、实时监控技术、数据处理技术等，大多以现代信息技术为支撑。

信息渠道畅通是循环经济的重要基础。循环经济是先进生产技术、创新型投资技术及废旧资源再生技术支撑的经济。没有先进循环型技术的支撑，循环产业链就不完整，循环经济也就无法真正实现。信息以其广泛的网络结构，连接不同组织主体，形成产业循环链，推动社会循环经济的实现。

信息化促进循环经济产业深度融合。信息化以实施重大信息化示范工程为切入点，以特色优势产业信息化带动策略为引擎，以环境与人才促进策略为保障，带动核心产业信息化，进而带动横向相关产业信息化。在循环产业信息化建设过程中通过信息网络横向连接政府部门、社会中介组织、产品市场、龙头企业等，使信息服务更加全面、快捷，利于促进循环产业深度融合。

2. 循环经济是信息化发展的重要平台

循环经济模式的推广为信息技术的普及与应用提供市场需求平台。循环经济的发展需要信息化的推动。循环经济的发展需要搭建信息交换平台，用网站或其他管理平台有效沟通行业、地区的相关活动，交流经验，整合零散、重复、低水平的项目。

循环经济模式的创新为循环信息技术的创新提供市场供给嵌入平台。发展信息产业是循环经济的内在要求，循环模式的创新需要信息技术创新的带动。信息产业对推动循环经济有着重要的促进作用。而信息产业的发展壮大，将有利于各种电子废弃物的回收、再利用，从而有效减少污染物的排放，提高资源利用效率。

（二）循环经济信息体系

循环经济中的信息内容包括内部信息、外部信息及内部、外部交换信息和综合信息三部分，如图 3-2 所示。

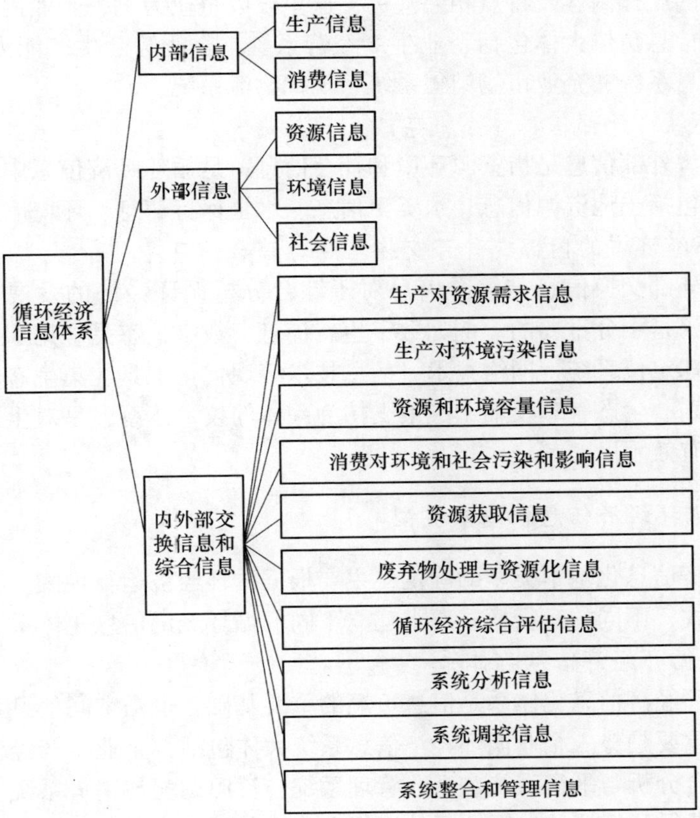

图 3-2　循环经济信息体系

循环经济内部信息，主要指生产和消费信息，对内部信息来说，信息负熵主要是通过信息集成和优化减少生产和消费的熵值，达到负熵的效果。

循环经济外部信息，主要包括资源、环境和社会三部分的信息。例如，资源配置信息、资源获取信息、资源加工与处理信息、生存环境信息、社会消费与和谐度信息、政策和法规信息等。

循环经济内部、外部交换信息和综合信息，主要指生产对资源需求信息、生产对环境污染信息、资源和环境容量信息、消费对环境和社会污染和影响信息、资源获取信息、废弃物处理与资源化信息、循环经济综合评估信息、系统分析信息、系统调控信息及系统整合和管理信息，以及建立循环经济信息监管体系，实现信息集成和优化。

1. 循环经济内部信息框架结构

循环经济内部信息的框架结构围绕生产和消费两方面进行，由于循环经济中各生产企业的工作内容及特点相差甚远，这里仅以企业为例，企业内部信息体系框架、内部信息负熵大体包括企业生产经营系统、企业综合生产能力分析系统、企业管理信息系统、企业市场销售系统、现代物流系统。

2. 循环经济外部信息体系框架

循环经济外部信息是指资源环境和社会信息，是循环经济信息中重要的基础信息，其中包括土地资源信息、水资源信息、水土保持信息、环境信息。

3. 循环经济中的内部、外部交换信息与综合信息

内部、外部交换信息与综合信息对于综合分析循环经济的发展的监测，分析，评估预警是十分重要的。例如数字生态信息。数字生态是应用遥感、地理信息系统和全球定位系统、网络技术、信息技术等现代化工具，集生态环境动态监测、生态规划、生态管理及辅助决策支持为一体的技术体系，是对生态环境信息化管理的最有效手段。

（三）循环经济信息化基本类型

循环经济信息化基本类型的确定，主要根据循环经济运行模式。循环经济有三种运行模式，不同的运行模式要求建立不同的循环经济信息化体系。

1. 企业循环经济信息化体系

企业循环经济信息化体系是信息负熵的重要基础，也是空间信息系统走向实用化的一个重要趋势。企业循环经济信息系统大体包括：企业生产经营系统、企业产业链综合分析与平衡系统、企业管理系统、资源调配与销售系统、现代物流系统等。企业循环经济信息系统要处理好企业业务系统和企业空间信息系统之间的整合和无缝连接。

2. 园区循环经济信息化体系

园区循环经济信息化体系指循环经济工业园区或农业园区的数字园区，在园

区内相关企业或部门之间的生态产业链信息化，以及企业或部门之间的原料和废物之间的交流和循环利用信息化。园区的生态环境及环境污染的信息监测等，通过信息化进行有效的整合与控制，充分发挥信息化对推动资源优化配置的重要作用。

3. 区域循环经济信息化体系

区域循环经济信息化指建立省、市、县或跨行政区域的循环经济信息化体系。建立数字生态城和数字生态区域不同于过去建立的数字城市和数字区域，也不是一般意义的生态城市。作为循环经济的大循环，是在企业内部循环和企业间循环的基础上发展的综合性循环经济。作为城市或区域的数字循环经济体系，特别要考虑复合生态系统中自然、经济、社会三个不同性质系统的相互交织、相互作用、相互耦合的相关关系。特别要注意信息技术为物质循环、信息传递、能量流动和价值增值发挥重要作用，也要注意系统内部与外部循环中的物质流、能量流和信息流的制约和平衡。

三、生产者责任延伸制度

在传统的法律领域，产品的生产者只对产品本身的质量承担责任，而现代社会发展要求生产者还应依法承担产品废弃后的回收、利用、处置等责任。也就是说，生产者的责任已经从单纯的生产阶段、产品使用阶段逐步延伸到产品废弃后的回收、利用和处置阶段。为此，《循环经济促进法》第 15 条规定：“生产列入强制回收名录的产品或者包装物的企业，必须对废弃的产品或者包装物负责回收；对其中可以利用的，由各该生产企业负责利用；对因不具备技术经济条件而不适合利用的，由各该生产企业负责无害化处置。对前款规定的废弃产品或者包装物，生产者委托销售者或者其他组织进行回收的，或者委托废物利用或者处置企业进行利用或者处置的，受托方应当依照有关法律、行政法规的规定和合同的约定负责回收或者利用、处置。对列入强制回收名录的产品和包装物，消费者应当将废弃的产品或者包装物交给生产者或者其委托回收的销售者或者其他组织。强制回收的产品和包装物的名录及管理办法，由国务院循环经济发展综合管理部门规定。”

（一）生产者责任延伸制度的内涵

生产者责任延伸制度的内涵可界定为：以生产者为主导的责任主体对消费及其他环节所产生的废弃物的回收、循环利用和最终处理所应承担的责任。包括以下几个要点：

（1）强调生产者的主导作用。因为在产品生命链中，生产者是最具控制能力的角色。只有生产者才能决定产品设计的改进；生产者最有能力挖掘废弃产品的最大利用价值；生产者是再生材料最直接的用户。以生产者作为切入点引入外部激励，可以保证激励信号更为顺畅地在产品链上下游传播，更好地减少废弃物，鼓励再生利用。

（2）对废弃产品的回收利用是一个系统工程，只有通过一个有效的机制将产品链条中的各个参与者调动起来，才能实现效益的最大化。生产者责任延伸制度强调的不单是生产者的责任，它同时强调了整个产品生命链中不同角色的责任分担问题。生产者责任延伸制度应考虑产品生命链涉及的不同角色，包括消费者、销售者、回收者和中央及地方政府等。

（3）责任限于产品的消费后阶段。产品从原材料开采到最终被处理的生命周期通常包括原材料的开采、加工、生产、包装、运输、消费、循环利用和最终处理一系列过程，如图 3-3 所示。生产者责任延伸制度中的责任应限于消费后的回收、循环利用和最终处理阶段，以体现“延伸”的内涵。至于消费前和消费中有关产品责任的问题，是一种独立的责任形态，由相关法如《清洁生产促进法》《产品质量法》等规范。

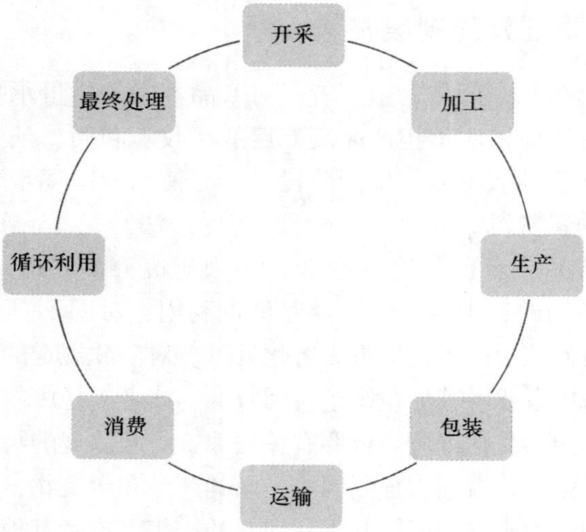

图 3-3 产品的生命周期

（二）生产者责任延伸制度在我国的实施现状

1. 生产者责任延伸制度不完善，缺乏可操作性

随着经济的发展，我国固体废物在逐年增加，资源浪费及对环境所造成的影响也越来越严重，我国固体废物污染环境管理面临诸多问题与挑战。虽然我国立法中早已有了生产者责任延伸制度的相关规定，但还不是很完善，缺乏可操作性。

2. “预防为主”的生产观还没有形成共识

在国内，现阶段的发展仍集中在如何促进经济增长，公众环境保护意识不强，“预防为主”的生产观还没有在企业界形成共识，因此制度实施阻力较大。

3. 传统企业承担产品的延伸责任并不现实

加之传统的国有企业没有成本核算的概念，所得利润全部上缴给国家，而且国有企业在我国国民经济中占有不可小视的比重，因此，如果要求这些传统的企业来承担产品的延伸责任并不现实。

4. 成本核算人员匮乏及技术、信息、资金缺乏

而且生产者责任延伸制度的建立要以产品生命周期理论和科学的产品成本核算与审计为基础，需要大量的技术和资金支持，目前，在这方面，我国面临着经济分析或者成本核算人员匮乏以及技术、信息、资金的缺乏。

5. 企业观念未形成

更重要的是，我国企业的环境保护义务观还没有充分形成。

（三）我国生产者责任延伸制度立法体系的完善

在我国，针对日渐严峻的固体废物所带来的环境污染和资源浪费问题，国家通过立法逐步确立了生产者的源头预防责任，产品环境信息披露责任与固体废物回收、处理、循环利用责任等三方面的延伸责任，对我国的固体废物所带来的问题做出了积极回应。

1. 明确我国生产者责任延伸制度的法律体系

可以在《固体废物污染环境防治法》及《循环经济促进法》中确立我国生产者责任延伸制度的总体框架，规定我国生产者责任延伸制度的内容，针对特定的行业领域逐步制定具体的单行法，各个地方政府在具体的实施过程中应当根据具体情况制定本地方的细则或实施办法。如此，我国才能形成一个引导、促进与强制生产者承担延伸责任的“一法多规”的生产者责任延伸制度体系，以更好地应对固体废物所带来的日益严重的问题。

2. 健全我国生产者承担延伸义务的保障机制

由于生产者承担延伸义务与其商业性质之间存在矛盾，使得生产者不可能无条件、完全自发地履行相应的延伸义务，因此，健全相应的保障机制就显得尤为重要。我国应完善生产者承担强制性延伸义务的保障措施和生产者承担自愿性延伸义务的激励措施，可以加强生产者不履行强制性延伸义务法律责任的规定，加快落实生产者责任延伸制度相关的配套制度，健全环境押金制度，促使生产者全面履行延伸义务。

3. 规范我国生产者责任延伸制度的组织模式

结合我国生产者责任延伸制度立法和实施现状，根据我国废弃物回收处理的具体国情，制定废弃物管理的全面措施，提高所有废弃物的回收利用率，构建以政府委托回收模式为主、企业直接回收和企业联盟回收为辅的回收处理体系。

4. 明确政府、消费者的辅助责任

废弃物管理和回收的责任应明确分配给相关政府机构并协调其工作，在此基础上，政府应当承担完善制度以及主要引导责任，担负起监管的职责；消费者则应当执行绿色消费方式，选择具有环保标志的产品，并积极配合生产者完成废弃产品回收再利用的延伸义务，以实现真正的全面废弃物管理和最大限度的资源再生利用。

四、循环经济公众参与制度

（一）我国循环经济公众参与制度存在的问题

1. 公众参与制度缺乏法律支持

发展循环经济的社会价值在于保护循环经济、调整各方主体相互关系，促进人类的公共利益。从这种意义上说，发展循环经济需要社会各责任主体的积极参与，提高全社会的生态环保意识。我国现行的环境保护法律法规没有明确规定公民的环境权益，因而公民在参与环境保护活动时缺乏法律依据和法定程序。

（1）公众环境权益缺乏宪法保护。我国宪法规定“国家保护和改善生活环境和生态环境，防治污染和其他公害”，但对公民环境权规定不够明确和具体。

（2）公众环境权益缺乏实体权利体系的建设。《环境影响评价法》《水污染防治法》等关于公众参与环境保护的法律规定零散，缺乏系统性、规范性。

（3）现有法律对公众参与环境保护的规定缺乏可操作性。如《环境影响评价法》规定国家鼓励公众以适当方式参与环境影响评价，没有规定出具体的参与方式与办法，只达到了宣告的目的，权利者无法实现其实体权利。

2. 系统内“责”——公民义务的缺失

作为一种社会和经济的发展模式，循环经济需要每一个公民组织共同肩负起重大的责任。因此，《循环经济促进法》确立的消费者对于“列入轻质回收名录的产品和包装物”的“义务”责任15条，应该推广为“道德”上的责任，即消费者应该责无旁贷地承担起消费者的责任。《循环经济促进法》第11条规定，中介机构、学会等其他社会组织可以开展循环经济宣传、技术推广和咨询服务，促循环经济发展，这是中间组织对民间力量的系统化、专业化重整，是公民参与循环经济的必要补充和重要途径。但由于这不是法定的义务，社会组织在实际操作中对我国的循环经济发展影响有限。立法需要充分发挥非政府组织的作用，调动积极性的同时强化其社会责任，并由政府引导和监督，才能更好地发展循环经济。

（二）公众参与制度的实施

1. 建立公众参与的保障机制

首先，应从立法上明确公众参与的程序、公众表达意见的处理、公众意见的效力等。其次，应通过完善的制度，使公众能够在环境保护和循环经济等领域有效地使用司法和行政程序，保护自身的合法权益和社会公共利益，实现对循环经济建设的参与。最后，还应确立和完善公众提请环境诉讼的法制制度。

2. 建立公众参与的信息交流机制

循环经济系统本身就是一个即时获得信息并做出相应反馈和调整的动态过程。完善的信息系统是循环经济系统必不可少的，它应尽量在可能的范围内体现对公众的公开性。一方面是形成决策者和公众的交流机制，提高政府循环经济决策的透明度；另一方面是通过信息网络的建立，使公众能够及时获得有关循环经济发展的资料、信息，以便参与决策和实施过程。

3. 实行强制性公众参与

公众的自觉参与是以公众具有较高的循环经济意识为前提的。根据我国公众发展循环经济意识比较低的情况，在通过教育、宣传提高公众实施循环经济的意识的同时，强制公众被动参与也是十分必要的。强制性参与是以法律、行政或经济的手段来保障的。例如，明令禁止使用不可降解的塑料袋，禁止使用泡塑餐盒等。

五、循环经济标志、认证制度

环境标志制度是指政府部门或民间团体依据一定的环境标准和相关规定，向有关厂商颁发的证明其产品符合环境标准，并允许其产品在发证国销售的一种特定的标志制度。环境标志又称为“绿色标志”“生态标志”“环境选择”等。

发达国家大多实行环境标志制度。德国推行“蓝色天使”计划；1988 年，美国开始实施环境标志制度；随后芬兰、瑞典、冰岛、日本等国也逐渐开始实施环境标志制度。

循环经济标志制度是指政府对符合循环经济要求的产品给予标识或证明，告知社会公众。获得循环经济标志的产品有一些共同特征，如包装适度、功能合理、使用后便于回收利用、易于处理与降解。

产品标志制度体现了政府的政策引导职能。通过对循环经济标志的评选、审查和传播，树立全民的循环经济意识，正确引领公众的消费习惯，并逐步提高再生产品的市场竞争力，激励企业在生产、流通和消费过程中建立循环经济理念，节约资源，减少污染，并对可持续性消费市场起到积极的推动作用。

随着全球范围内 ISO14000 认证制度被普遍接受，循环经济标志制度作为企业开拓市场的金钥匙已逐渐显露出重要作用。在发达国家，环境保护标志已成为绿色贸易壁垒，严格限制了外国不合格产品的进口，成为国际贸易的重大障碍之一。我国企业如要消除贸易壁垒，占据国际市场一席之地，就必须提高产品的科技含量，取得循环经济标志认证。

循环经济标志制度的建立需注意以下几个方面：

（1）要建立与循环经济发展相关的工艺、设备、技术以及产品节材、节能、节水、节地、环境友好等标准和标志。

（2）将绿色食品（图 3-4）、有机食品（图 3-5）、能效标识（图 3-6）、环境标志（图 3-7）等产品标志分别纳入环境友好型产品和资源节约型产品中，为国家推行循环经济优惠政策奠定了良好的基础。

图 3-4　绿色食品标志

图 3-5　有机食品标志

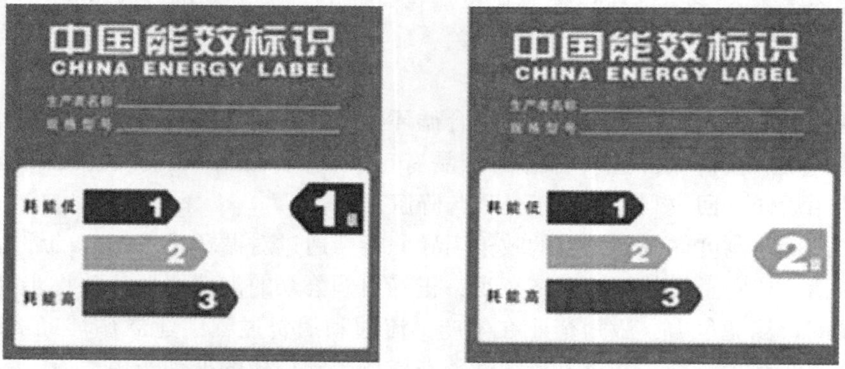

图 3-6　中国能效标识

（3）企业应当对应该进行标识的产品、零部件、材料和包装物依法进行标识，创造便利条件，以引导消费者进行可持续消费。

六、绿色税收制度

绿色税收也称环境税收，是以保护环境、合理开发利用自然资源，推进绿色

图 3-7　中国环境标志

生产和消费为目的，建立开征以保护环境的生态税收的“绿色”税制，从而保持人类的可持续发展。狭义的绿色税收即实现保护环境目的而专门征收的税收和对环境保护起作用的税收。广义的绿色税则包括收费。

（一）绿色税收制度建设的紧迫性

我国各种自然资源的人均占有量远远低于世界平均水平，而近年经济增长和人口规模扩大却又加大了对自然资源的需求。由于技术水平制约、资源产权制度不完善，资源无价和低价使用等错误市场信号，使得资源利用效率不高，环境污染日益严重，严重制约了经济发展和人类生活质量的提高。推进绿色税收制度已迫在眉睫。

1. 森林保护不利，森林资源锐减

我国是一个森林资源丰富的国家。目前，联合国环境规划署报告称，我国拥有森林面积居世界第五位；森林覆盖率仅为 13.92%，低于世界平均水平 14 个百分点，居世界第 104 位；人均森林面积为 0.11 公顷，是世界平均水平的 11.7%；人均森林蓄积量是世界人均水平的 1/7。从以上数据来看，我国人均森林资源比较贫瘠，属于世界上森林资源贫乏的国家之一。我国森林覆盖率情况，如图 3-8 所示。

2. 水资源短缺，水污染严重

我国水资源面临两大主要问题：（1）水资源短缺，利用效率低；（2）水污染严重。我国被污染的海域大都分布在沿海城市的近海岸。四大海区近岸海域中，渤海为轻度污染，东海为重度污染。近年来，由于营养物过剩，我国沿海的赤潮也偶有发生，近海海域污染呈现扩大的趋势。我国 2010～2018 年水资源变化状况，如图 3-9 所示，废水排放变化状况，如图 3-10 所示。

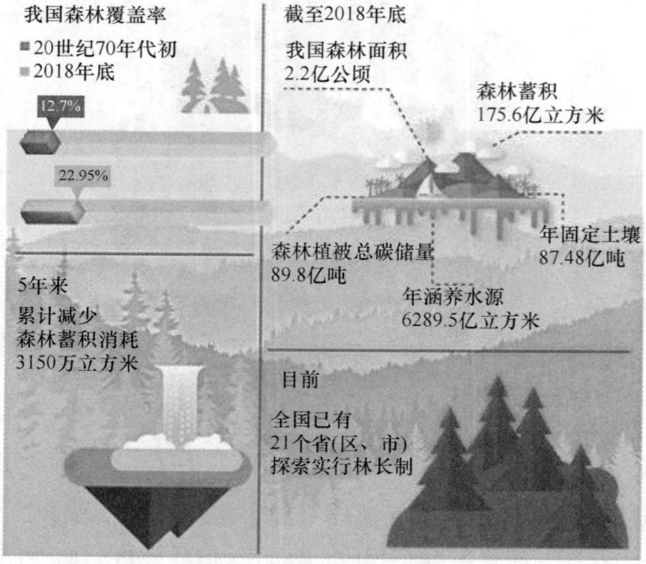

图 3-8　我国森林覆盖率❶

图 3-9　2010~2018 年中国水资源总量及人均水资源量变化情况❷

❶ 常钦 . 我国森林面积和蓄积 30 多年保持双增长［N］. 人民日报，2019-12-10.

❷ 前瞻产业研究院 . 2019 年中国污水处理产业全景图谱［EB/OL］.

图 3-10　2014~2018 年中国废水排放总量❶

从经济发展和水资源利用情况看，我国水资源状况形势严峻，洪涝灾害、干旱缺水、水污染严重是我国水资源面临的主要问题，水资源短缺问题成为制约我国经济发展和社会发展的重要因素，如图 3-11~图 3-13 所示。

图 3-11　缺水导致的土地干涸

3. 超标排放废气，大气污染严重

空气污染是指某些物质存在的数量、时间足够对人类及其他动植物造成不利影响，这些空气污染物往往是由于人类活动或自然过程形成后进入大气中，达到

❶　前瞻产业研究院 . 2019 年中国污水处理产业全景图谱［EB/OL］.

图 3-12　无锡太湖蓝藻暴发

图 3-13　因水污染而死去的鱼

足够的浓度，持续足够的时间，危害人类健康和福利，破坏环境的现象。一般而言，大气污染源主要是工业生产排放到大气中的污染物，除此之外，生活炉灶、采暖锅炉、交通运输、火灾及其他特殊污染等渠道，都会产生大量的空气污染物，主要污染气体包括二氧化硫、二氧化碳、氮氧化物以及有机化合物等。

随着工业化和城镇化的发展，各种废气排放量日益增多，空气污染较严重，如图 3-14 所示。引发了社会对大气污染的广泛关注。

4. 水土流失严重，土地资源日趋紧张

我国水土流失日益严重，全国水土流失面积约为 356 万平方米，占国土面积 36. 1%。水土流失造成每年流失的土壤总量达 45 亿吨，损失的耕地达 5000 多万

图 3-14　大气污染

亩，平均每年减少 100 万亩。有 1/4 以上的国土荒漠化，草原出现严重的退化、沙漠化、盐渍化趋势。部分重要湿地退化，使得生物的生存环境受到影响，物种濒危程度加剧，生物多样性减少的趋势短时间内难以扭转，目前野生高等植物濒危数量约占 20%，遗传资源不断丧失，水土流失如图 3-15 所示。

图 3-15　水土流失

由于污染排放量大，环境污染严重，超过了生态系统吐故纳新、自我修复的能力，人类活动对自然环境的冲击突破了生态阈值，导致自然灾害发生的频率增多。

如前所述，由于环境问题存在明显的负外部性，通过绿色税收体系的建设，以税收的方式消除私人边际成本与社会边际成本的差异，使得环境的外部成本内化与生产过程，以税收的形式内化环境的外部成本，是解决环境保护问题的一种重要且有效的途径。

（二）绿色税收制度建设的目标

从环境角度看，绿色税收制度建设是适应我国日益严重的环境污染的需要，是应对严峻的环境保护形势的有效措施之一；从经济发展角度看，是转变经济发展方式、贯彻落实科学发展观的需要；从税收制度优化角度看，是利用财税等环境经济手段，促进环境保护，构建我国环境政策体系、优化税制结构的需要。因此，构建绿色税制体系的根本目标是实现“经济、社会和环境的协调可持续发展”，强化税收杠杆作用，充分发挥其在协调经济与生态环境矛盾中的作用。

由于我国是一个发展中大国，市场机制还不完善，经济发展水平不平衡，且处于经济的转轨时期，因此，绿色税收制度的建设必须根据我国国情，以服从和服务于国家的发展战略为基石，体现可持续发展的目标，即经济繁荣、社会公平、生态安全，从而实现全民社会福祉的目标。

（三）完善绿色税收制度的原则

所谓“绿色税收”是以保护环境、合理开发利用自然资源，推进绿色生产和消费为目的，建立开征以保护环境的生态税收的“绿色”税制，从而保持人类的可持续发展。

可持续发展的效率与公平的要求，通过市场机制不可能完全解决，必须辅以非市场机制的手段，其中税收的作用是不可替代的，这就必须以绿色税收制度取代现行的税制模式。

在世界环保浪潮的推动下，我国环保立法、环保投资等都有了很大发展。但在协调环境与可持续发展关系方面，我国环境政策、环境税收措施仍然滞后，尚未对资源浪费、环境污染、生态破坏起到其应有的抑制作用。

借鉴国际上环保税收政策，我国的绿色税收政策应坚持以下三个原则：一是绿色税收政策应以调控为主，聚财为辅，积极发挥税收的杠杆作用；二是新开征的环保税要保持税收收入的中性；三是征收的环保税款要建立环保专项基金，严格实行专款专用制度。

七、循环经济计划制度

循环经济规划是国家对循环经济发展目标、重点任务和保障措施等进行的安排和部署，是政府进行评价考核和实施鼓励、限制或禁止措施的重要依据。为此，《循环经济促进法》第 12 条规定：“国务院循环经济发展综合管理部门会同国务院环境保护等有关主管部门编制全国循环经济发展规划，报国务院批准后公布施行。设区的市级以上地方人民政府循环经济发展综合管理部门会同本级人民政府环境保护等有关主管部门编制本行政区域循环经济发展规划，报本级人民政府批准后公布施行。循环经济发展规划应当包括规划目标、适用范围、主要内容、重点任务和保障措施等，并规定资源产出率、废物再利用和资源化率等指标。”

循环经济促进法以“减量化、再利用、资源化”为主线，建立循环经济规划制度，要求编制环境保护、科学技术等规划时，应当包括发展循环经济的内容，并建立发展循环经济的目标责任制。建立和编制资源浪费和污染物排放总量调控制度以及生产者为主的责任延伸制度以及高耗能、高耗水企业管理等。

八、循环经济技术支持制度

（一）我国循环经济科学技术发展现状

科技创新使循环经济发展前景广阔。当前，替代技术、减量技术、再利用技术、资源化技术和系统化技术等的开发应用取得了一定成就，创新成果迅速转化成产业化效益，出现了市场开拓、技术创新和产业化经营一体化良好局面，我国循环经济整体竞争力显著提升。

1. 科技发展促使工业循环经济日臻成熟

工业重点行业、龙头企业踊跃开展绿色技术研发，传统企业与中小企业也纷纷改造落后工艺、技术及管理，工业循环经济规模不断扩大。

2. 科技进步焕发城市循环经济活力

我国各级城市积极推广生态化技术工程，开展循环经济建设工程试点，改善城市公共基础设施，推进科技节水、节能减排和资源综合利用。城市三次产业循环经济科技实力不断提升，推动了工业、都市农业、服务业结构调整或升级。

3. 国际科技合作推动循环经济全球化进程

近年来，我国循环经济对外科技合作逐渐与国际接轨。官方、半官方和企业、民间的技术合作与交流日益频繁；政府间科技双边或多边合作积极开展。

总体上看，我国依靠科技进步促进循环经济发展已取得一定进展，但问题也比较突出。一是企业尚未成为循环经济技术创新主体，系统创新能力较弱；二是循环经济的科技人才相对匮乏，存在城乡差异、区域差异和职业差异；三是产学研一体化成效较低；四是科技投入仍显不足，资本社会化、市场化程度低。

（二）强化循环经济技术支持的举措

1. 共性关键技术开发

制定循环经济技术发展规划，加大对循环经济共性关键技术研发的支持力度。将资源节约、循环利用关键性技术研发纳入科技开发计划和产业发展计划。研究制定促进循环经济发展的技术创新政策、技术导向目录，以及国家鼓励发展的节能、节水、环保装备目录。鼓励创建循环经济技术开发重点实验室、研发中心。积极引进、吸收国外先进的循环经济技术，提高循环经济技术支撑能力和创新能力。支持建立各类循环经济技术支撑机构。推动组建重点领域循环经济产业联盟，加强产学研用结合，提高循环经济适用技术自主开发能力。

2. 先进适用技术推广应用

加强先进适用循环经济技术推广应用。结合节能减排重大项目建设，积极推动能源节约和替代技术、重大减排技术等的研究开发。支持科研单位和企业研发制造节能节水、节材低耗、环保型装备。积极推广应用先进节能减排技术、设备、工艺和材料。以绿色材料产品、节能节水型产品等为重点，推进绿色产品生态设计。探索通过政府买断的方式对先进适用技术进行推广应用。加快具有竞争力的循环经济关键技术装备的出口。

3. 健全循环经济服务体系

加快建设循环经济技术服务体系，培育和扶持一批为发展循环经济提供规划、设计、建设、改造、运营的专业化服务公司。扶持建立专业机构，研究分析有关循环经济发展信息，及时向社会发布有关循环经济技术、管理和政策等方面的信息，开展信息咨询、技术推广等业务。加大对公共服务检测技术机构支持力度，培育发展一批提供实验分析、检测分析、认证认可、人才培训等公共服务的中介机构。积极引导行业协会开展促进循环经济发展的公共服务，积极扶持节能技术服务机构及清洁生产技术依托单位的发展。

第三节 我国循环经济法律体系

一、我国循环经济法律体系现状

循环经济法律体系并不是指某一部法律，而是指与循环经济相关的法律规范依一定的原则与规律组合而成的一个紧密联系的有机整体。它既包括专门的循环经济法律、法规和规章，也包括宪法和其他体现循环经济内容的法律、法规和规章等不同效力等级法律规范当中的具体条文，共同构成我国循环经济的法律体系。我国循环经济法律体系状况见表 3-1。

表 3-1 我国关于循环经济的法律法规❶

法律层次	法律名称
法律	《循环经济促进法》《环境保护法》《矿产资源法》《节约能源法》《清洁生产促进法》《水法》《水土保持法》《土地管理法》《政府采购法》《大气污染防治法》《固体废物污染环境防治法》《水污染防治法》《环境影响评价法》《可再生能源法》《农业法》《草原法》《森林法》《渔业法》《电力法》等

❶ 李长友．我国循环经济的法制保障研究［D］．北京：中央民族大学，2010：47.

续表3-1

法律层次	法律名称
行政法规	《废旧金属收购业治安管理办法》《农业转基因生物安全管理条例》《指导外商投资方向规定》《矿产资源开采登记管理办法》《报废汽车回收管理办法》《森林法实施条例》《建设项目环境保护管理条例》《水污染防治法实施细则》《退耕还林条例》《国务院科学研究和教学用品免征进口税收暂行条例》《医疗废物管理条例》等
地方性法规	《贵阳市建设循环经济生态城市条例》《厦门市人民代表大会常务委员会关于发展循环经济的决定》《太原市清洁生产条例》《云南省清洁生产审核实施办法（暂行）》等
行政规章	《促进产业结构调整暂行规定》《清洁生产审核暂行办法》《清洁发展机制项目运行管理办法》《能源效率标识管理办法》《民用建筑节能管理规定》《新能源基本建设项目管理的暂行规定》《无公害农产品管理办法》《税收减免管理办法（试行）》《水利建设基金筹集和使用管理暂行办法》《开采海洋石油资源缴纳矿区使用费的规定》《煤炭生产许可证管理办法实施细则》《清洁发展机制项目运行管理办法》等
政策性文件	《中国21世纪初可持续发展行动纲要》《国务院关于加快发展循环经济的若干意见》《国务院关于落实科学发展观加强环境保护的决定》《国家环保总局关于推进循环经济发展的指导意见》《关于加快推进清洁生产的意见》《促进产业结构调整暂行规定》《国家发展改革委办公厅关于印发循环经济试点实施方案编制要求的通知》《中国节水技术政策大纲》《节能产品政府采购实施意见》《电石、铁合金、焦化行业准入条件》《建设部关于建设领域资源今明两年重点工作的安排意见》《节能中长期专项规划》《关于加快推进木材节约和代用工作的意见》《关于进一步加强家用电冰箱、房间空气调节器能源效率标识监督检查工作的通知》《关于鼓励发展节能环保型小排量汽车的意见》《国家计委、建设部、国家环保总局关于推进城市污水、垃圾处理产业化发展的意见》《关于进一步支持可再生能源发展有关问题的通知》等

（一）宪法

我国宪法中对环境和自然资源保护所做的一些原则性规定与循环经济相关，对循环经济的发展具有根本的法律指导作用。例如，《宪法》（2004年修订）第九条规定："国家保障自然资源的合理利用，保护珍贵的动物和植物。禁止任何组织或者个人用任何手段侵占或破坏自然资源"；第十条规定："一切使用土地的组织和个人必须合理地利用土地"；第十四条规定："国家厉行节约，反对浪费"；第二十六条规定："国家保护和改善生活环境和生态环境，防治污染和其他公害。国家组织和鼓励植树造林，保护林木"；等等。

（二）相关法律

目前，我国与循环经济相关的法律比较多。根据内容侧重点不同，可以把法律层面的循环经济立法分为专门的《循环经济促进法》及《循环经济促进法》相关的其他法律两个方面。

1.《循环经济促进法》

《循环经济促进法》是循环经济领域的基本法，它对生产、流通和消费等过程中进行的减量化、再利用、资源化活动做了全面系统的规范。

在《循环经济法》为龙头的自成一体的循环经济法律体系下，主要包括三个层次的立法。第一层次，以《循环经济法》作为循环经济法律体系的龙头法和统率法；第二层次，以《节约能源法》《资源有效利用促进法》《清洁生产促进法》和《固体废物污染环境防治法》等作为该法律体系的基干；第三层次，针对特定问题制定相关的专项法律。这三个层次共同构成循环经济的法律体系。

2.《循环经济促进法》相关的其他法律

根据循环经济“资源开发—能源开发—生产—流通消费—废物综合利用—污染防治”这样六个基本领域，相关法律也按照上述各个领域进行分类。

资源开采、利用、保护和节约领域的法律，包括《农业法》《草原法》《森林法》《渔业法》《水法》《水土保持法》《土地管理法》等；能源开采、利用、保护和节约领域的法律，包括《煤炭法》《电力法》《可再生能源法》《节约能源法》等；生产领域的法律主要是指《清洁生产促进法》；流通消费领域涉及循环经济的专门法律几乎没有，主要是一些散布于其他法律中的条款规定；废物综合利用领域的法律，如《固体废物污染环境防治法》；生态环境保护和污染防治领域的法律，包括《环境保护法》《大气污染防治法》《水污染防治法》《环境影响评价法》等。

（三）相关行政法规

目前，我国还没有专门的以循环经济命名的行政法规，但是在有些行政法规中不同程度地涉及循环经济方面的一些重要内容。按照循环经济的基本流程阶段分为六类：一是资源开采、利用、保护和节约领域的法规，如《矿产资源开采登记管理办法》等；二是能源开采、利用、保护和节约领域的法规，如《公共机构节能条例》等；三是清洁生产领域的法规，如《指导外商投资方向规定》；四是流通消费领域的法规，目前还没有；五是废物综合利用领域的法规，如《废弃电器电子产品回收处理管理条例》；六是生态环境保护和污染防治领域的行政法规，如《水污染防治法实施细则》等。

（四）相关地方性法规

从我国地方循环经济实践层面来看，不少省、自治区、直辖市和一些大城市均将发展循环经济作为政府工作的重要目标，并通过一系列地方性法规和规范性文件确保发展循环经济目标的实现。比较有代表性的地方性立法有《北京市人民代表大会常务委员会关于发展循环经济建设节约型城市的决议》（2006 年 11 月 3

日通过)、《云南省清洁生产促进条例》(2006年5月25日通过)、《深圳经济特区循环经济促进条例》(2006年3月14日通过)、《厦门市人民代表大会常务委员会关于发展循环经济的决定》(2005年10月26日公布)、《贵阳市建设循环经济生态城市条例》(2004年9月29日公布)、《太原市清洁生产条例》(1999年10月29日通过)等。这些地方性法规的出台大大促进了当地循环经济的发展，同时也为国家层面的循环经济立法提供了参考。

(五)相关行政规章

国家层面涉及循环经济的部门行政规章有《清洁生产审核暂行办法》《清洁发展机制项目运行管理办法》《能源效率标识管理办法》《民用建筑节能管理规定》《新能源基本建设项目管理的暂行规定》《税收减免管理办法(试行)》《开采海洋石油资源缴纳矿区使用费的规定》《煤炭生产许可证管理办法实施细则》等。这些行政规章从不同侧面对发展循环经济做出了规定。

地方政府制定的与循环经济相关的行政规章有：辽宁省政府制定的《关于环境保护若干问题的决定》；江苏省政府发布的《关于加快清洁生产步伐的若干意见》；云南省政府制定的《云南省清洁生产表彰奖励办法》《云南省推行清洁生产规划纲要》《云南省清洁生产审核实施办法(暂行)》《云南省清洁生产试点工作实施办法》等一系列规章；重庆市政府制定的《重庆市人民政府关于发展循环经济的决定》等规章。

(六)相关标准

循环经济涉及很多技术性标准、规范和要求。发展循环经济离不开相关技术标准的规范和保障。这些标准包括高耗能、耗水行业的市场准入标准、能效标准、环保绩效考核评价标准等。

二、我国现有循环经济法律体系的弊端

我国已经在法律的各个效力层级建立了促进循环经济发展的相应的法律规范，但从总体上看，我国的循环经济立法还处于初级阶段。循环经济法律体系还存在一些问题。

(一)与生态文明理念存在差距

循环经济法律体系构建理念与生态文明理念的差距表现在两个方面。

一是以行政管理手段为主要内容框架。虽然从《清洁生产促进法》到《循环经济促进法》，突出了“促进型”法的特点，但其他相邻立法以及下位法，仍然偏重于“管理型”法的特点，突出对循环经济某些领域的“行政管理”，而不

是以法律、经济、技术手段为主，行政手段为辅，不符合生态文明理念下对立法的整体性、系统性和促进型要求。

二是以部门立法和利益分割为主要程序特征。一些循环经济立法并不是从循环经济本身固有的经济规律和生态规律出发，而是从部门角度和部门利益出发，设计立法的结构和逻辑。同时在立法过程中常常为行政相对人设定更多的义务和责任。这一立法程序特征显然与生态文明的理念要求不相符合。

以管理立法和部门立法为典型特征的理念与以发挥整体、统一、协调效能并遵循经济和生态规律为特征的生态文明理念格格不入，对法律体系的建构产生了影响。

（二）纵向法律体系的弊端

从纵向来看，不同效力等级的循环经济立法也存在问题。

1. 宪法还缺乏循环经济条款的根本指导

对于国家发展循环经济这样的重大经济社会发展战略转型，宪法中还没有直接的规定，这使得循环经济法律体系缺乏宪法的直接指导。

2. 相关配套立法缺乏

《循环经济促进法》作为基本法已经实施，但是发展循环经济仅仅靠这一部法律是远远不够的。从目前的法律体系构成来看，某些领域面临立法空白，导致无法可依。

3. 相关标准规范空白

发展循环经济离不开相关技术标准的规范和保障，都能我国目前循环经济法律体系中缺乏必要的强制性标准等技术法规。

4. 地方立法明显不足

我国不同地区经济社会发展水平存在很大的差异，各地区对循环经济发展的重视程度差异也较大，循环经济发展水平也各不相同，与循环经济相关的地方性法规和规章在不同地区的数量、质量和层次也是参差不齐，地方有关循环经济的立法明显不足。

（三）横向法律体系的弊端

横向的循环经济法律体系除了《循环经济促进法》以外，还包括环境保护、资源、能源、生产、流通消费、废物综合利用等领域的法律。这些法律与《循环经济促进法》之间的相互重合和不协调甚至相互矛盾的问题比较突出。

1. 与生态环境保护领域立法不协调

生态环境保护领域的立法主要有《环境保护法》《水污染防治法》《大气污染防治法》《固体废物污染环境防治法》等。这些法律主要涉及污染防治问题，并且均是在《循环经济促进法》之前颁布，其中与循环经济相关的部分条款，立法理念和制度安排均已不能适应循环经济发展的需要。

2. 与资源开发利用保护领域立法不协调

我国现行资源开发利用保护领域的法律主要包括《水法》《矿产资源法》《土地管理法》《森林法》《草原法》《渔业法》等。这些法律的调整范围主要是针对相应领域的资源开发、利用以及保护问题。《矿产资源法》《土地管理法》《森林法》《草原法》等法律的主要着眼点是相应资源在开发利用及保护过程中的管理制度设计，总体上与循环经济联系较少。

3. 与能源立法不协调

我国的能源立法领域的法律主要有《节约能源法》和《可再生能源法》等。但现行的能源法律体系，能源基本法缺位；而且一些能源单行立法中存在不少空白；另外，已有的一些能源立法，由于制度设计上的措施有限，导致实施效果不强。

4. 与清洁生产领域立法不协调

在生产领域与循环经济关系最为密切的立法是《清洁生产促进法》。由于现行清洁生产法是以促进法的方式建立的，法律责任条款太少，鼓励性条款虽多却难以落实，这一基本特征大大降低了其约束力和实施效果。

5. 与流通消费领域立法不协调

流通领域与循环经济相关的立法几乎没有。《清洁生产法》《水法》《固体废物污染环境防治法》等法律在一定程度上涉及了消费领域，但总体看，我国现行法律法规中，鲜有在消费领域与循环经济相关的专门性具体规定。利用市场手段调控消费行为引导绿色消费基本处于空白状态。

6. 与废物回收和循环利用方面立法不协调

虽然目前我国现行有关废物回收和资源综合利用的法规政策不少，但是立法层次较低，大多还停留于政策的规范性文件层面，没有形成统一的资源综合回收利用法律；有关资源综合利用的调控要求，多采取行政规章或行政手段进行；资源综合利用的立法层次不高；此外，不同部门出台的规章、政策或文件也存在一定的冲突。

三、我国循环经济法律体系的优化

（一）坚持科学发展观和生态文明理念

科学发展观和生态文明理念要求人们形成人与自然和谐发展的整体价值观和和谐方法论。科学发展观把我国经济社会发展置于整个世界经济社会发展整体中的同时，也把我国的经济社会发展看成一个整体，用整体的观点去看待生态环境和经济社会发展各个要素之间的关系和发展，用整体的观点去认识评价我国的社会发展和进步。生态文明理念则认为：人来自于自然，又依赖于自然，因而人的一切活动都要充分尊重自然的规律，在不破坏生态系统恢复力的前提下有效地满足人类各方面的需求，人类的发展要使整个生态系统始终保持有序、平衡、和谐发展。

科学发展观和生态文明理念均强调协调人与自然和谐共存，促进经济社会与资源环境和谐发展。而这正与循环经济的理念和价值不谋而合。因此，完善我国循环经济法律体系，必须以科学发展观和生态文明理念为指导，构建全面、系统、和谐的循环经济法律体系。

坚持以生态文明理念为指导，必然要求以生态法学方法论为根本方法，来构建科学的循环经济法律体系。

在环境法领域，生态法学方法论主张以生态文明理念来指导我国的环境法治建设，使环境资源法律成为建设和谐社会、生态文明社会、环境友好型社会、资源节约型社会和循环经济型社会等“五型社会”的法律保障。生态法学方法论不仅是一种法学理论，也是环境资源法律所认可的环境法治建设的指导思想与原则，当然也是循环经济法律体系构建的指导原则。

我国是一个发展中的大国，地区之间发展很不平衡，自然条件千差万别。环境污染和生态破坏问题非常复杂。不同的地区、不同的行业、不同的领域，环境问题的表现形式各不相同，相应采取的对策措施也各不相同。另外，我国有自己独特的政治体制和法律制度。因此，我国的循环经济立法必须坚持从实际出发，从我国的生态国情出发、有计划地逐步建立起有中国特色的完备的循环经济法律体系。

（二）优化纵向法律体系

健全和完善循环经济法律体系，从纵向的效力等级看，要建立和健全由宪法、法律、行政法规、地方性法规、行政规章、标准和规范性文件所组成的循环经济法律体系。

1. 在宪法中增加发展循环经济的条款

为了体现和保障发展循环经济在国家经济社会生活中的重大战略地位，宪法中应当明确增加发展循环经济的条款。一旦宪法中确立发展循环经济的法律条款，将为我国循环经济的发展和循环经济法治建设提供更加强大的政治支撑和法制保障。

2. 建立和完善相关配套法规

由于我国的国情和立法特点所决定，无论是《清洁生产促进法》还是《循环经济促进法》等法律，均具有原则性特点，可操作性不强。因此，加强配套立法成为落实基本立法中规定的各项制度、措施的重要途径。

3. 制定相关标准规范

标准规范是循环经济法律体系的重要组成部分。加快相关标准规范的制定，是完善循环经济法律体系的重要工作。通过标准规范的制定和实施，从而有助于保障资源节约、污染预防、废弃物减量化措施的贯彻实施。

4. 加强地方立法

我国是一个人口众多、幅员辽阔的国家，各地发展水平很不平衡。法律公布后，各个地方根据法律的原则性规定制定相应的实施条例或者实施细则是十分必要的。加强地方立法，必须在国家立法的框架内，结合本地区的特色和实际情况，制定促进循环经济发展的地方性法规或者政府规章。

5. 加快其他法律的“生态化”

促进循环经济发展，不仅要制定完善的环境资源法律法规规章和政策标准，而且要在其他法律中充分体现促进循环经济发展的要求，加快其他法律的“生态化”。从一定意义上讲，环境资源法律体系之外的法律，对促进循环经济发展所起的作用更为关键。

（三）优化横向法律体系

1. 以生态文明理念为指导完善总体立法思路

从横向领域看，循环经济法律体系需要完善四个方面的立法：一是综合性的龙头法，如《循环经济促进法》，以全面规范从资源输入到废物排放的全过程；二是输入端的立法，如《矿产资源法》等，以解决自然资源的破坏性、浪费性开采问题；三是转化环节的立法，如《清洁生产促进法》等，以规范产品生产、加工、流通和消费等各类行为；四是输出端的立法，如制定《废弃物回收利用法》等，以规范废物的回收、拆解、加工等行为。该思路是以循环经济的物质流动规律为标准并符合循环经济发展的客观要求。

在上述总体思路的指导下，完善循环经济立法体系，协调好相关立法与《循环经济促进法》的关系问题，适时修订相关立法，使各项立法相互协调配套，发挥整体合力。

2. 协调相关立法与《循环经济促进法》的关系

包括六个方面的协调：

（1）资源开发利用保护领域立法与《循环经济促进法》的协调；

（2）能源立法与《循环经济促进法》的协调；

（3）生产领域立法与《循环经济促进法》的协调；

（4）流通消费领域立法与《循环经济促进法》的协调；

（5）废物回收和循环利用方面立法与《循环经济促进法》的协调；

（6）污染防治领域立法与《循环经济促进法》的协调。

上述六个方面是就目前与《循环经济促进法》关系最密切的六个领域的立法与《循环经济促进法》进行的协调。尽管存在差异甚至冲突，但是必须强调的是，《循环经济促进法》与上述六个领域的立法并不矛盾，它们的目标是一致的，只是任务各有分工、职责各有侧重。发展循环经济的目的，其实也是上述六个领域立法的目的。

第四章　特色循环经济法制实践路径

第一节　特色循环经济立法的基本理论

随着我国经济的高速增长，资源环境瓶颈约束加剧，建设节约型社会是实现可持续发展的内在要求。发展循环经济是建设节约型社会的重要途径。其他发达国家对于如何发展循环经济已有较为成功的经验。而我们应根据中国国情和各地实际形成有中国特色的循环经济发展模式。

一、立法的基本内涵

（一）特色循环经济的含义

目前，我国的循环经济实践尚处于初级阶段。我们必须根据国情，发展有中国特色的循环经济，特色循环经济体现在五个方面的创新是观念创新、法制创新、体制创新、技术创新、管理创新，如图 4-1 所示。

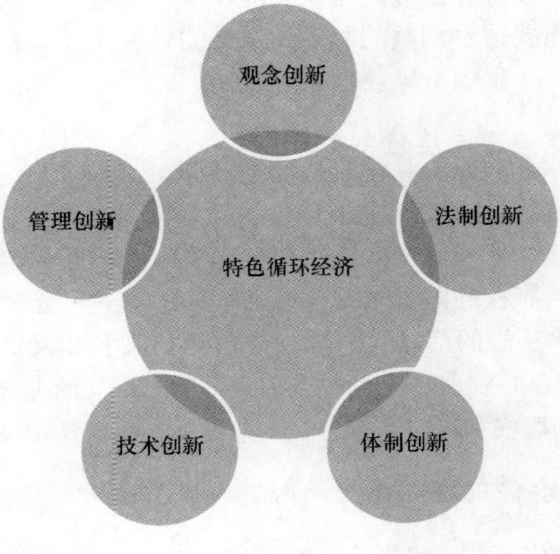

图 4-1　特色循环经济的体现

1. 观念创新

树立合理开发利用与保护资源就是保护生产力、发展生产力的观念，以全面、协调、可持续的发展观为指导，在全社会广泛深入开展国情教育，使人口多、资源少、底子薄等国情特点家喻户晓，防止和纠正那种在“地大物博”“总量增长”面前忘乎所以的心态和行为。

2. 法制创新

构建循环经济法律法规体系，依靠强制性的法律、规定来推动循环经济的发展。我国循环经济法制建设是一个长期而又艰巨的过程。在这个过程之中，我们必须按照我国的立法传统和我国环境保护与经济、科技发展的实际，确立自己的指导思想和基本原则。

3. 体制创新

强化政策导向，坚持鼓励与限制相结合，形成良性的激励机制，充分发挥国家优惠政策的鼓励、引导和扶持作用，对环境治理、资源再生产业给予政策支持，对能够减少资源消耗、不破坏生态环境的产业和产品，加大政策倾斜力度，鼓励涉及资源再生和污染治理方面的技术创新和科技攻关。

4. 技术创新

强化循环经济的技术支撑。首先要开发建立绿色技术体系，提升循环经济发展的技术水平。其次要组织重大示范项目，在重点行业和企业组织实施一批重大示范工程，加快先进适用技术的推广。最后要大力开发具有自主知识产权的生产链接技术，把循环经济各个方面的研究纳入国家中长期科技发展规划。

5. 管理创新

完善与循环经济发展相适应的宏观管理体系，创造政府与市场相结合的新的环境保护机制。政府要通过利益的驱动和精神的号召使社会各界都参与到循环经济发展当中。

（二）特色循环经济立法的含义

特色循环经济立法是指把有中国特色的循环经济思想写入国家的相关法律，通过法律的保障，使循环经济在区域层次得以实施。根据我国立法实际，可将循环经济立法定义为：有权的国家机关依照其职权，通过一定程序制定、修改或废止各种循环经济法律法规的活动。与“立法”有广义和狭义两种理解一样，我国的循环经济立法也可从广义和狭义两个方面来理解。广义的循环经济立法，指的是国家机关按照特定的职权和程序制定各种规范性循环经济法律文件的专门活动。

（三）《循环经济促进法》的立法内涵解析

1.《循环经济促进法》的概念

在《循环经济促进法》中，循环经济的概念至关重要，是立法的基础，减量化、再利用和资源化等概念是立法和释法的基础，也是循环经济立法的概念。根据概念在立法中的作用不同，循环经济是《循环经济促进法》的主概念，减量化、再利用和资源化等概念是《循环经济促进法》的从概念。

《循环经济促进法》第2条第一款规定："本法所称循环经济，是指在生产、流通和消费等过程中进行的减量化、再利用、资源化活动的总称。"循环经济的概念立法的意义：第一，它规定了循环经济促进法的适用范围，该法适用于生产、流通和消费等经济运行的全过程。第二，指出了循环经济促进法的内容，是通过建立"资源—产品—再生资源"和"生产—消费—再循环"的模式，有效地利用资源和保护环境。第三，这一概念确定了3R的原则，即减量化、再利用、资源化。

《循环经济促进法》第2条第二款规定："所称减量化，是指在生产、流通和消费等过程中减少资源消耗和废物产生。"第三款规定："本法所称资源化，是指将废物直接作为原料进行利用或者对废物进行再利用。"第四款规定："本法所称再利用，是指将废物直接作为产品或者经修复、翻新、再制造后继续作为产品使用，或者将废物的全部或者部分作为其他产品的部件予以使用。"这三个概念同循环经济的概念一样构造了《循环经济促进法》的基石。

2.《循环经济促进法》的原则

我国《国民经济和社会发展第十一个五年规划纲要》确定了发展循环经济要遵循的原则是"减量化、再利用、资源化"，因此，《循环经济促进法》根据我国实际需要，再一次确定"减量化、再利用、资源化"是循环经济最重要的立法和实践操作的原则。

综合运用"减量化、再利用、资源化"三个原则是实现循环经济运行的最优方式。当然，这三大原则在循环经济中的重要性并不是并列的，它们的优先顺序是减量化—再利用—资源化。

3.《循环经济促进法》的法律规范

《循环经济促进法》中的授权性规范、禁止性规范、义务性规范形成了推动循环经济发展的法律规范体系，为循环经济的发展提供了法律保障，实现了科学发展观的法律规范化。

循环经济法律规范的假定是指适用条件；循环经济法律规范的处理是指行为模式，即循环经济法律规范中规定人们如何具体行为的方式或范式；循环经济法律规范的法律后果，即循环经济法律规范对人们行为的态度，是人们遵守或违反法律规范中规定的行为模式所产生的后果。

4.《循环经济促进法》的法律范式的种类

从表4-1看出，《循环经济促进法》的法律规范有授权性规范、禁止性规范和义务性规范。循环经济授权性规范主要是授权管理循环经济发展和监督循环经济发展的规范；循环经济义务性规范，是指设定发展循环经济义务的行为规范；循环经济禁止性规范，是指禁止实施有害于循环经济发展的行为规范。

表 4-1　《循环经济促进法》的授权性、义务性、禁止性规范❶

授权性规范	义务性规范	禁止性规范
政府管理部门在管理循环经济发展过程中的监督管理职权（第5条）；循环经济发展规划编制权（第12条）；循环经济评价指标体系编制权（第14条）；强制回收的产品和包装物名录编制权（第15条）；循环经济标准体系编制权（第17条）；鼓励、限制和淘汰的技术、工艺、设备材料和产品名录发布权（第18条）；以及公民对政府管理循环经济行为的监督权和举报权（第10条）	在废物再利用和资源化过程中，应当保障生产安全，保证产品质量符合国家规定的标准，并防止产生再次污染（第4条）；县级以上人民政府编制国民经济和社会发展规划及年度计划，县级以上人民政府有关部门编制环境保护、科学技术等规划，应当包括发展循环经济的内容（第6条）；企业事业单位应当建立健全管理制度，采取措施，降低资源消耗，减少废物的产生量和排放量，提高废物的再利用和资源化水平（第9条）；公民应当增强节约资源和保护环境意识，合理消费，节约资源（第10条）等45个	禁止生产、进口、销售列入淘汰名录的设备、材料和产品，禁止使用列入淘汰名录的技术、工艺、设备和材料（第18条）；对在拆解和处置过程中可能造成环境污染的电器电子等产品，不得设计使用国家禁止使用的有毒有害物质（第19条）；电力、石油加工、化工、钢铁、有色金属和建材等企业，必须在国家规定的范围和期限内，以洁净煤、石油焦、天然气等清洁能源替代燃料油，停止使用不符合国家规定的燃油发电机组和燃油锅炉（第21条）；禁止损毁耕地烧砖。在国务院或者省、自治区、直辖市人民政府规定的期限和区域内，禁止生产、销售和使用黏土砖（第23条）；在有条件使用再生水的地区，限制或者禁止将自来水作为城市道路清扫、城市绿化和景观用水使用（第27条〉；对生产、进口、销售或者使用列入淘汰名录的技术、工艺、设备、材料或者产品的企业，金融机构不得提供任何形式的授信支持（第45条）；省、自治区、直辖市人民政府可以根据本行政区域经济社会发展状况，实行垃圾排放收费制度。收取的费用专项用于垃圾分类、收集、运输、贮存、利用和处置，不得挪作他用（第46条）等

二、立法的总体宗旨

（一）生态文明型社会是循环经济立法的出发点

与循环经济发展模式相适应的社会形态，是人与自然和谐相处、社会经济生产过程与自然生态系统高度融合的生态文明型社会。要建成这样的社会，除了思想观念的根本转变之外，还需要以完善的循环经济法律体系指导人的行为。

我国目前还没有一部能够将清洁生产、固体废物利用、环保产业发展和资源循环利用等相关内容统一纳入循环经济框架内综合考虑的法律规范。而且，从我

❶ 崔红．地方治理法治化研究——规范立法和创新制度［M］．北京：知识产权出版社，2016：46.

国目前的情况来看，我国面临的环境和资源形势恶劣，这就迫切地要求我们加强法律的规制进程。

我国的循环经济实践可以追溯到1973年的第一次全国环境保护工作会议，当时国家计划委员会拟定的《关于保护和改善环境的若干规定》中提出要努力改革生产工艺，不生产或少生产废气、废水、废渣；加强管理，消除跑、冒、滴、漏，体现了循环经济减量化的原则。我国现行《中华人民共和国环境保护法》(1979年颁布，1989年修订)、《中华人民共和国大气污染防治法》(1987年颁布，1995年、2000年修订)、《中华人民共和国水污染防治法》(1984年颁布，1996年修订)、《中华人民共和国固体废物污染环境防治法》(1995年颁布)等法律规范中均明确规定，“国家鼓励、支持开展清洁生产，减少污染物的产生量”，体现出循环经济的部分要求。2002年6月《中华人民共和国清洁生产促进法》获得通过，于2003年1月1日起施行。2005年，全国人大常委会启动《循环经济法》立法计划，同年7月，国务院以国务院文件的形式正式发布《国务院关于加快发展循环经济的若干意见》，同年10月，国家六部委同时启动循环经济试点（第一批）工作，2009年1月1日《中华人民共和国循环经济促进法》颁布实施。国家把发展循环经济更是提到了一个前所未有的高度。

我国进行循环经济立法的基本宗旨就是要根据可持续发展战略的要求，在经济发展过程中保护人体健康和环境安全，减少资源的利用和废弃物的排放。

（二）循环经济法立法的实质

1. 循环经济法是“政策法”

循环经济立法缘于新的利益需求，而这种新的利益需求是随着社会的不断发展而产生的。在中国发展循环经济的新的历史阶段，产生了将因此而形成的各种利益关系转化为法律上的利益的需要。循环经济立法作为创制型立法，需要对与发展循环经济有关的各种利益进行确认，而这种确认既涉及政府的职能转换，又涉及政府与社会、社会与个人、政府与个人之间利益的重新调整。在这种情况下，循环经济立法所能做的就是以蕴涵着新的发展理念的新政策作为判断标准，对日的发展理念和政策进行校正和调整。可以说，循环经济立法的制度和规则源于政策。

2. 循环经济是“综合法”

循环经济法既不是经济法，也不是环境法，而是将环境与发展综合起来的“综合法”。循环经济立法的综合性，涉及经济发展、资源与环境保护以及社会发展的各个方面。从循环经济运行的过程看，包括“自然资源—产品—消费品—再生资源”的各个环节；从循环的范围看，包括“企业内部循环—区域循环—社会循环”的各个领域；从循环经济行为看，包括“政府—个人—企业—社会”

各类主体；从循环经济涉及的法律利益看，包括“个人利益—社会性私益—社会性公益”的各种权益。因此，循环经济立法的综合是私益与公益的综合、权利与权力的综合、国家与社会的综合、政府与个人的综合。

3. 循环经济法是“协同法”

循环经济法所具有的调整“经济—社会—环境”关系的立法宗旨决定了它不具有单一的法律功能。一方面，经济的发展、社会的稳定、环境的可持续发展是关联的，它要求循环经济的法律必须按照系统的思想设立，以合理结构进行协作运行，这就要求各种与循环经济有关的法律重新按照系统的规律进行组合。另一方面，循环经济发展的科学技术性、社会性、经济性、文化差异性以及政治性特征又要求除法律外的各种规范系统密切配合，使法律规范与技术规范、道德和习俗等社会规范系统相互作用，保证各自功能的协调与配合，从而形成整体效应。

三、立法的指导思想

循环经济立法坚持的指导思想和原则包括以下几个方面。

（一）以科学发展观为指导

党中央提出的科学发展观，其重大创新就在于它把全面、协调和可持续发展作为核心内涵，解决了发展过程的几个重要问题——要发展、为什么要发展、怎样发展，明确了增长和发展的关系。科学发展观要求我们改变过去以单纯追求经济增长为目标的发展观，将人与自然的和谐作为基础，以区域、城乡、经济与社会统筹发展为内涵，以国内、国际相统筹为手段。

发展循环经济是实现人与自然和谐的重要出路，可以将人口、资源和环境三者有机地结合起来，防止发生“环境贫困”，从而在更高的层次上推进社会公平，这与科学发展观的指向是完全一致的。因此，开展循环经济立法必定以科学发展观作为立法的指导思想。

（二）立足国情

世界各国的地理条件、环境、资源、人口、文化等各有各的特点，为了有效地保护环境和资源，各国建立了与其特点、需求相适应的法律制度。我国是一个地区之间发展极不平衡的发展中大国，自然条件千差万别，环境问题十分复杂，因此中国的循环经济立法只能立足国情，从实际出发，有计划循序渐进、突出重点、兼顾一般地推进，逐步建立起完备的循环经济法法律体系。

（三）重视发展循环经济

加强循环经济法制建设，不仅要制定完善的循环经济法律法规，而且要在其他法律中充分体现循环经济的要求。这也是《中国21世纪议程》所倡导的“综合决策”在立法过程中的具体体现。

(四) 重视经济手段的合理使用

世界各国实践表明，经济手段是保护环境与资源最为有效的手段之一。为此，在循环经济立法中，要加强经济手段的运用，并以法律的形式加以明确。除了采取常规的一些经济手段，在价格、利率、信贷之外，还要积极探索新的经济手段，如环境税、财政刺激、环境损害责任保险、环境标志等，并在条件成熟时以法律的形式固定下来，从而更好地促进循环经济的发展。

(五) 循环经济立法中解决的重大问题

1. 可操作性问题

可操作性较差是我国立法中普遍存在的一个问题，我国循环经济立法中将之作为重要的问题予以认真对待和解决。增强其操作性要求法律条文尽量具体明确，必要时规定一些量化指标，避免过于原则和抽象。这需要立法机关本着对国家和人民的利益高度负责的精神，在认真调查研究的基础上起草和审议法律条文，在遇到矛盾时，虚心学习，敢于解决，善于解决，从而制定出高质量的可操作的循环经济法律法规。

2. 借鉴先进经验的问题

一个国家的环境问题有时也与全球环境问题相关联。我国的循环经济法制建设起步较晚、经验不足，只要是对我有利、有用的，都可以借鉴。因此，我国的循环经济在立法过程中大胆吸收、科学借鉴国外的先进经验。

3. 公众参与问题

许多国家的实践证明，公众参与是促进循环经济发展不可缺少的重要手段。在循环经济立法的过程中，立法部门广泛听取人民群众的意见和呼声，吸收人民群众的智慧，鼓励人民群众参与发展循环经济的积极性和创造性。

四、立法的基本原则

循环经济法律的基本原则是循环经济立法、守法、执法、法律监督等法制建设各环节都必须遵循的总的规范和准则。概括地说，循环经济法律需要坚持以经济社会可持续发展为根本目的，实现人与自然和谐统一；坚持走新型工业化道路，形成有利于节约资源、保护环境的生产方式和消费模式；坚持推进结构调整，依靠科技进步和强化管理，提高资源利用效率；坚持发挥市场机制作用与政府宏观调控相结合，依法管理与政策激励相结合，政府推动与社会参与相结合，努力形成促进循环经济发展的政策体系和社会氛围。

循环经济立法遵守以下几个基本原则。

（一）国家宏观调控的原则

庇古外部效应理论认为，社会边际成本收益与私人边际成本收益背离时，则市场往往失灵，市场机制无法发挥调节资源配置的作用。发展循环经济要克服的“外部效应”和“公地悲剧”，单靠市场价值规律的作用是无能为力的。所以，必须坚持国家宏观调控的原则。

循环经济法制建设的一项主要任务，就是要通过法制创新，建立受益者补偿、排污者付费、开发利用者有偿的生态补偿制度和环境资源的有偿利用制度，形成完备的循环经济宏观调控法律规范体系。当前，我国正处于循环经济建设的初始阶段，要在完善现有立法的基础上，综合运用行政规划，行政管理及财政、物价、金融、税收等各种规范措施，规范区域经济布局，调整产业结构，优化资源配置，让循环经济建设尽快走上法制轨道。

（二）和谐友好的发展原则

实现经济与生态的协调发展，就是实现人与自然共生共荣，这是生态经济学理论中的核心问题，也是循环经济立法的基本原则。它强调的是，一方面，人类在发展经济时，要切实保护发展经济的生态基础，不能以牺牲生态环境为代价换取短期的经济增长。另一方面，发展又是当今世界的重要课题，无论是发达国家还是发展中国家，发展好、保护好生态是基础。资源的贫瘠与经济贫困只有认识的轻重，绝没有解决的先后之分。和谐发展原则要求循环经济以法律形式规定经济发展过程中严格遵循循环经济的 3R 原则（减量化、再利用、资源化），减少经济发展对资源的需求量，给后代人留下相当的可利用资源量，实现资源利用的代际平衡，实现可持续发展目的。

（三）源头的预防原则

预防原则要求尽量避免废弃物的产生和对废弃物进行利用。预防原则可以转化为产品设计者和生产者的责任，要求他们向消费者提供的产品和服务在符合环境保护要求的前提下，尽可能少地产生废弃物，同时鼓励他们尽可能采用可利用的废弃物作为产品和服务的材料和工具。针对产业而言，就是产业的选址、产品设计、生产过程以及向消费者的宣传等方面均要符合环境保护的要求，尽可能少地产生废弃物，并用相关指标进行考核，比如节能性指标，污水排放指标，包装物回收类指标等。预防原则对于从源头上减少废弃物的产生以及加强废弃物的利用，从而减少废弃物的总量，具有十分重要的意义。

(四) 预见性风险的防御原则

此原则是针对环境恶化结果发生的滞后性和不可逆转性的特点而提出来的。

我国之前的环境立法中很少有关于风险防范原则的规定，虽然在环境法学界将预防为主、防治结合、综合治理的原则作为环境法的基本原则已经得到了大多数学者的认同，在环境立法当中也有所表现，但主要是防止原则的体现，与风险防范原则还有相当的差距。

在我国进行循环经济立法时，按照风险防范原则的要求，规定经济开发项目的实施人或所有者、新产品、新技术的开发者、使用者或所有者承担环境风险有无、大小的责任。在向国家有关机关申请批准、许可时要提供证明；在国家行政机关进行执法活动时提供证明；在遭到单位和个人投诉、指控时更应提供证明。风险防御原则，要求国家在循环经济立法中，充分运用经济刺激的手段，通过建立环境风险防范保证金制度，使环境风险降至最低。同时，该原则还要求，在环境决策时应充分考虑可替代方案，建立环境风险信息收集和检测制度，同时国家应明确环境风险证明责任转移制度。

(五) 污染者付费的责任原则

污染者付费原则要求对废弃物产生负有责任的人有义务对废弃物加以清除或进行环境保护性利用。根据该原则，污染者首先应承担废弃物回收、分类、利用和清除的义务，在依法豁免该项义务的情况下，则有义务支付他人代其履行这些义务的费用，此处的污染者包括消费者、生产者和经营者，他们都应在各自的责任范围内承担付费的责任。

(六) 多方主体的合作原则

合作原则是指在循环经济的运行过程中，国家应吸收企业界和公众参与废弃物管理，共同完成废弃物管理的任务。该原则的理念是：实现循环经济法律法规宗旨仅依靠国家的力量是不够的，还需要依靠国家、企业界及公众之间的合作。例如，废弃物制造者和拥有者可以依法把利用和清除废弃物的任务委托给第三方的废弃物管理机构和企业。目前，环保产业正在迅速崛起，环保服务业是其中很重要的一个方面，它将在循环经济中发挥重要的纽带作用。

(七) 环境利用的公平原则

环境公平原则，是自然生态系统生态平衡规律的法律体现。循环经济法所规范的生态经济社会复合系统要稳定协调可持续发展，基本前提是保障系统的生态平衡，环境公平则是保障生态平衡的基本法律准则。有以下几点要求：

第一，完善人与其他生物种群之间的平等、协调与和谐的法律规范。人类既具社会属性，又具自然属性。作为自然属性的人，是完全与其他生物种群平等的；作为社会属性的人，则应该更加理性地从过去一味追求支配、征服、奴役其他生物种群，以满足人类需求所造成的恶果中吸取教训，觉悟到人类与其他生物平等和谐相处对于自身永续发展的必要意义，自觉充当其道德代言人和权利代理人。

第二，完善各类不同区域的经济主体公平享用生态环境权益的法律规范。生态环境资源的价值本来是统一的、客观的，但其使用价值却存在着极大的差异。循环经济法制的公平原则要求通过对生态环境资源进行统一定价和受益者付费、污染者补偿等生态资本核算制度的推行，来保障不同区域的主体公平地享用环境权益。

第三，确定享用生态环境权益的各类主体公平承担保护生态环境、维护生态平衡责任的法律制度。首先，通过补充、完善宪法和法律，确定国家机关、地方各级人民政府、公民、法人和其他组织的相关法定义务。其次，通过循环经济立法，确立与完善各级人民政府规范、管理、调控、协调、服务循环经济建设的行政规范体系。再次，通过循环经济立法，确立与完善生产者责任延伸制度，规范企业对产品生命周期全过程负责的行为。最后，通过循环经济立法，确立消费者对消费产生的各类废弃物的集中回收处理的义务和责任。

（八）法律体系的层次原则

循环经济是一种系统经济，涉及从宏观到微观，从生产到消费，从原材料、辅助材料和能源的输入阶段到中间生产阶段，再到产成品的输出阶段，涉及各个经济领域、经济环节、经济资源，因此法律体系也要分层次地形成。按照不同功能可将循环经济的法律体系分为三个层次。

第一层次是循环经济的基本立法。循环经济基本法的内容包括：循环经济的基本目标；促进循环经济的基本原则；国家、政府、企事业单位、公民发展循环经济的权利和义务；各级政府及其管理部门实施循环经济的组织体制与决策机制、具体政策；循环经济法律责任等。

第二层次是以资源利用环节划分的循环经济综合法。在构建循环经济法律体系框架时，可以在《循环经济基本法》下，在资源利用的生产、流通等各个环节设立该环节应遵循的综合法。目前，我国已经推行了《清洁生产法》，但有关资源有效利用、资源回收利用、废弃物污染防治的法律还未出台。

第三层次是各综合法的子法，即针对各种资源或行业或产品制定的具体法律法规。

总之，我国目前已存在一些环保法律法规，但尚未形成一套系统的较完备的循环经济法律体系。因此需要建立各种具体的环保法规，确保循环经济的推进和实施。

（九）法律实施的保障原则

政府作为服务性机构，为公民提供公共性服务。政府在循环经济中的行为为公众起到表率和宣传的作用，政府政策的引导将影响经济发展的方向。因此，政府的行政工作在促进循环经济的推进中也是十分重要的。政府在实施循环经济法律保障方面体现出以下三个方面的要求：

一是提高综合性决策水平。政府的各个管理部门之间要建立广泛的协商和合作关系，建立有利于循环经济推进的决策机制、运行管理监督机制和反馈机制，各部门协调行动，共同保障循环经济的顺利推行。在重要建设项目和重大决策时，设置“环保一票否决制”，提高环保部门的管理权限和地位，加强部门间的广泛协商和合作，建立协调的管理运行机制和反馈机制，不断提高政府统筹规划、政策协调以及规范管理的能力和水平，以保证循环经济的顺利推行和实施。

二是建立政府优先采购的制度。政府优先采购制度要求各级政府在购买公务用品时必须包括一定比例的再生品，重大项目招标时必须使环保在该项目的设计和实施中占有优先地位，利用政府购买的示范作用来带动全社会对循环经济和环保的了解和认识，从而促进“绿色”消费理念的形成和发展。

三是确保法律实施的经济保障。除了发挥政府“看得见的手”的有效规制作用，还要充分发挥市场机制这一“看不见的手”对资源配置的基础作用，利用各种经济手段，包括建立征收环境污染税、财政鼓励制度、信贷优惠政策、排污权交易制度、环境标志的规定以及佣金制度等，通过清洁生产、废弃物循环利用、污染治理等途径，使外部经济内部化，变政府的强制性行为为企业内部发展的动力。

（十）市场机制的保障原则

市场的活跃是经济发展的潜在动力，加快培育环境友好型产品的市场，不仅是某个循环经济的要求，也是整个循环经济的要求。因此，在宣传上要大力倡导循环经济的理念，培育环境友好型产品的使用理念，通过环保市场需求引导经济活动向绿色营销发展。在销售渠道上建立环保产品的绿色流通网络体系。长期以来，我国各地政府存在不同程度的地方保护主义，不仅限制了市场经济的全面发展，而且阻碍了循环经济的推进和发展。因此，开辟绿色通道，加快绿色产品流通十分必要。这就需要在各地间消除不必要的关卡和收费，使绿色产品能够安全、迅速地进入各地市场。

第二节 特色循环经济立法范畴

一、立法的调整对象

（一）法律的调整对象

法律调整的对象是指客观上可以接受规范性的组织作用，而在一定的社会政治条件下也要求通过法律规范以及构成法律调整机制的其他一切法律手段来实现这种作用的社会关系。

法律是社会关系的调整器，法律为社会关系参加者事先规定一定的行为规则，从而把人们的行为引导到最适合于一定阶级和社会要求的轨道上。法律既可以调整法律规范颁布以前就形成的思想关系，也可以调整那些由于法律规范颁布才存在，并随着有关规范的废止即在实际生活中消失的思想关系，如诉讼关系等。

法律对社会关系的调整是通过调整社会关系参加者的意志行为实现的，社会关系参加者的意志行为是法律调整的直接对象。法律调整的对象不是表现人的意志行为的一切社会关系，而是调整处于社会关系中的人的意志行为。法律只调整国家生活、社会生活中对维护统治阶级的统治秩序有重大意义的社会关系，调整必须运用国家权力才能保证国家和社会利益的问题。法律调整的界限不是固定不变的。随着社会生活的变化，有些原来属于其他社会规范调整的领域转变为由法律规范调整。也有些原来属于法律调整的领域被排除在法律调整的范围之外。

总而言之，法律调整的对象是社会关系参加者的意志行为，社会关系只有表现为通过人们的意志而形成的思想关系时，才能成为法律调整的对象。

法律调整对象的特点：

（1）自然科学研究的对象，可以被法律确认为一定的法律事实，但自然过程不能是法律调整的对象；

（2）法律调整的是通过人的意识和意志发生的，不依人的意志为转移的关系；

（3）法律调整的是具体的社会关系；

（4）法律调整的是客观上要求法律调整的关系；

（5）法律只调整统治阶级认为重要的社会关系，并且是不运用国家权力就不能保证的那种社会关系。

（二）循环经济法的调整对象

不同的法律担负着不同的职能，都是各自调整自身领域内的一部分社会关系，因此调整对象就各有不同。循环经济法的调整对象与经济法的调整对象一脉相承。根据有些学者关于经济法调整对象分为宏观、中观以及微观的理解，相应地，循环经济法的调整对象也是如此。宏观方面是指循环经济法的调整对象应当包括一切的循环经济关系；中观方面指循环经济法应调整纵向、横向和内部循环经济关系；微观方面是指循环经济法只调整国家循环经济管理关系。

根据以上观点，循环经济法所调整的社会关系主要包括以下几个方面。

1. 在宏观上，表现为以国家为中心的经济协调关系

经济法就是国家在协调本国经济运行过程中所发生的各种社会关系的法律规范的总称。国家协调本国经济的运行也是国家行使其经济管理职能的具体表现。落实到循环经济法，就是指国家在协调本国经济运行过程中采用的循环经济协调措施，包括政策上、技术上、经济上以及法律保障方面，从大的方面讲，包括国家的税收管理关系、金融监管关系、财政计划方案的协调，从小的方面讲，包括对资源能源的协调管理关系、废弃物进出口管理关系、产业园区协调管理关系等多个方面关系的协调。

人类的发展离不开自然资源的供给，然而自然资源的总供给量已经很难维系人类大规模发展的需求，自然资源的稀缺性就导致了经济发展面临瓶颈，作为协调经济运行主体的国家，必须综合考虑发展过程中各个环节中的各种问题，采取最有效的措施解决发展与资源短缺的矛盾。循环经济中的3R原则是解决这一现实矛盾的基本原则。3R原则涵盖了社会生产的全过程——输入端、生产过程以及输出端所面临的所有的资源和环境问题。这正是循环经济法独特调整对象的最直观的表现。

2. 在中观上，表现为企业以及社会组织之间在发展循环经济过程中的经济协调关系

与传统经济法的运行模式一样，在经济社会的交往中，不同的主体首先都是以“经济人”的身份参与其中的，因此在这个过程中必定会产生不同主体之间的利益冲突与利益融合。不同的是，循环经济是以国家引导、政府监督、企业实施、公众参与以及各社会组织发挥自身职能多方合作共同运作的经济发展模式，在这其中所贯彻的循环经济理念必然是传统经济法所不具有的。在循环经济发展过程中同样会产生相同位阶或者不同位阶主体之间的交织，同样需要采取适当的、必要的手段对其加以协调。当前解决这一问题的最佳选择是循环经济产业园区的构建，在同一个循环经济产业园区内，存在着园区管理机构与园区企业之间的纵向管理关系，同时也存在着上下游企业之间的横向竞争或互利关系，这样的模式显然有利于各种经济关系的协调。

3. 在微观上，表现为个人在发展循环经济过程中所产生的绿色消费等社会协调关系

个人是社会最基本的组成元素，也是循环经济最广泛的参与主体。循环经济

运行的过程包括生产、分配、交换阶段、消费阶段等，作为公众可能很难在生产、分配、交换阶段广泛参与，然而在消费选择的环节，作为消费者的公众却是发挥最大的作用的主体，消费者的选择直接决定了产品或服务的市场占有量甚至企业的前景，通过绿色消费行为能够在一定程度上引导公众自觉践行循环经济的理念，增强公众的循环经济意识。例如德国采用的“绿点消费”极大促进了公众对循环经济的参与意识。

二、立法的主体范围

循环经济法的适用范围的确定科学合理。如果把循环经济概念定得过宽，它就失去了特定的调整对象，就不具有实际的操作性。但是也不能把循环经济的概念定得过窄，仅仅限定为解决垃圾处理问题。日本、德国因处于后工业化时代，资源利用效率已经很高，生产前端减量化的潜力相比来说较小，这些国家的循环经济法律规范侧重于资源的再生利用。我国的循环经济法的适用范围的确定从我国国情出发。我国现阶段总体上处于工业化初期，能耗物耗高，资源浪费非常严重，生产前端减量化的潜力很大，因此必须强调减量化。

因此，对于循环经济法的适用范围做如下确定。

1. 适用的主体

循环经济法的适用主体不仅仅限定于企业，还包括政府、个人等，无论是企业、政府、公民个人和企业之外的其他社会组织，都应当受到循环经济法的调整，都应当按照循环经济法的要求，节约资源，保护环境，为可持续发展做出贡献。

（1）政府成为主体的必然性。循环经济的思想源自人类对自然系统进化过程的理性思考，它是一种先进的经济形态，是一个集经济、环境、技术和社会于一体的系统工程，它要求人类彻底转变观念，改变行为方式。这一过程不可能依靠市场自发形成，必须有政府的参与和引导。

循环经济是开放型经济，需要信息公开，需要建立相应的基础设施。对于其中具有公共性质的物品的提供，必须依靠政府的强制力保证实施。政府在提供环境公共服务的过程中，其职能由公共管理扩展到公共服务。因此需要制定相应的制度来保证政府发挥其职能，如监督管理制度、政府扶持制度等。

循环经济要实现环境资源的有效配置，需要建立一套绿色保障制度体系。这些制度的建设离不开政府的推动。

（2）企业成为主体的必然性。从循环经济的整体操作看，循环经济的运作主角是企业。循环经济的循环模式有三种不同的维度：一是企业内部的循环；二是企业之间的循环；三是社会整体循环。可以看出，三种不同的循环都离不开企业。

从循环经济的原理看，企业成为该类法律主体承担义务责无旁贷。循环经济就是为了改变环境资源是公共物品属性的观念，赋予环境资源以市场价值，并引入市场机制，从而克服企业在生产活动中所造成的外部不经济性。企业承担一定的社会责任是理所当然的。

(3) 公众成为主体的必然性。循环经济应是公众参与的经济。循环经济是以全体社会成员生活福利最大化为目标的一种新的经济形态，其本质是对人类生产关系进行调整，从而追求可持续发展。循环经济关系到每一个社会成员，只有充分发挥群众的智慧和力量才能真正实现这一经济形态的改变。

循环经济是一种节约化的经济，需要将消费者的消费行为纳入法律规制之下。

2. 调整的行为

循环经济法主要适用于清洁生产行为、综合利用行为、可持续消费行为三种行为。

(1) 清洁生产行为。所谓清洁生产是指不断采取改进设计、使用清洁的能源和原料、采用先进的工艺技术与设备、改善管理、综合利用等措施，从源头削减污染，提高资源利用效率，减少或者避免生产、服务和产品使用过程中污染物的产生和排放，以减轻或者消除对人类健康和环境危害的活动。清洁生产的核心就是提高资源的利用效率，从源头上削减污染物的产生。这体现的是循环经济减量化的原则。

(2) 综合利用行为。包括两方面的行为：第一是资源开发、产品制造、基本建设活动中的资源回收和合理利用行为，即企业在生产建设中，如何将所生产的废弃物进行回收和合理利用，使其成为资源；第二是产品生命周期结束报废后的资源化行为。产品报废后将其拆解，从而变为资源，既能节约资源，又能防止因大量填埋废物而造成的占用土地、污染环境等问题。

(3) 可持续消费行为。这是对于公众在循环经济发展过程中的要求。树立科学消费观念是可持续消费行为的基础。建立可持续消费模式，需要在全社会大力倡导适度消费、公平消费、绿色消费和理性消费。随着人们对生活质量的要求日益提高，绿色消费的观念开始深入人心，渗透在人们的日常消费行为中。

三、立法的基本内容

具有我国特色、符合我国实际需要的循环经济法包括以下内容。

(一) 总则

循环经济法的总则部分，包括循环经济的概念、立法宗旨、调整对象、基本原则、管理体制等。

循环经济的概念是“在生产、流通和消费等过程中进行的减量化、再利用、资源化活动的总称”；立法宗旨是“为了促进循环经济发展，提高资源利用效率，保护和改善环境，实现可持续发展”；调整对象涵盖生产、生活两个领域，涉及企业、企业间及全社会三个层次；基本原则主要包括可持续发展原则、3R原则、公众参与原则、预见性风险防御原则、污染者付费原则等；管理体制方法明确建立循环型社会的主管机关。

（二）分则

循环经济法的分则部分，主要包括国家、企业、个人及非政府组织的权利义务、法律责任。

（1）国家职责：

1）中央及地方政府制定循环经济规划；

2）建立国民经济绿色核算体系值；

3）加大循环经济宣传教育力度；

4）建立绿色产品标识制度，给符合循环经济要求的产品颁发环境标识；

5）建立政府绿色采购制度，在政府采购中规定购买循环经济产品的法定比例，规定政府必须优先采购绿色产品；

6）建立循环经济激励制度，如设立循环经济基金，扶持循环型企业，制定对循环型企业的税费优惠政策，对为建立循环型社会做出突出贡献的单位和个人进行奖励等；

7）实行环境税制度，征收资源使用税、排污税等；

8）实行废旧物品强制回收制度；

9）鼓励技术创新及推广等。

（2）企业的权利义务：

1）申请税费减免、基金奖励；

2）申请循环产品和服务环境标识；

3）实行企业内部循环；

4）参与企业间循环及社会循环等。

（3）个人的权利义务主要包括：

1）做出突出贡献的个人申请循环经济奖励基金；

2）积极进行绿色消费；

3）在生活中节约资源，支持资源回收等。

（4）非政府组织（如中介组织、环保组织）的权利义务：

1）提供信息咨询，搭建交易平台；

2）申请国家基金扶持；

3）建立循环经济奖励基金，对为循环经济发展做出突出贡献的企业和个人进行奖励、表彰；

4）积极宣传循环经济内涵，推动循环型社会的建立等。

在法律责任方面应明确循环经济法律关系的各个主体，如主管机关、企业、个人、非政府组织等在发展循环经济活动中违反法律规定、义务所应承担的责任，使各法律主体的违法行为具有可问责性，以保证循环经济法的实施。

《中华人民共和国循环经济促进法》的具体条文见本章结尾处。

第三节 特色循环经济的法制保障

一、立法保障

（一）我国循环经济立法保障概述

立法保障，就是将公民的权利以法律的形式确认下来，然后，运用国家强制力加以维护。国家强制力主要指军队、警察、法庭、监狱等。我国通过以建立宪法为核心，以立法保障和司法保障为主要内容的权利保障体制，来保障公民的权利。

在我国，循环经济从一种理念上升到国家战略和政策才几年时间，其主要原因在于大力发展循环经济是落实科学发展观、建设和谐社会、全面建设小康社会的客观需要。不可否认我国经济发展前景良好，但是我们应该清醒地认识到经济的发展正面临着一系列的挑战，资源和环境两大“瓶颈”凸显。为了解决作为上层建筑的相关立法的缺失、行政执法体制的不明确、循环经济司法救济的欠缺，使循环经济法制的功能得以实现，从而促进循环经济的发展，最终促进经济基础的巩固和生产力的发展，国家力推构建循环经济法制保障体系。

（二）循环经济立法保障的基本要求

我国发展循环经济工作刚刚起步，还面临着严峻挑战。一些地区对发展循环经济的必要性和迫切性认识还不够，发展循环经济的目标与任务也不明确，措施还不够具体。财政、税收、投资等促进循环经济发展的激励政策也还不完善，循环经济发展的科技支撑体系也没有形成。

加强循环经济立法是发展循环经济的根本保障。循环经济立法有助于实施循环经济的理念，有助于规范发展循环经济的权利和义务，有助于推行发展循环经济中具有较强外部性的资源节约、环境保护等要求。

我国循环经济立法，满足以下几点要求：

1. 充分体现循环经济的发展理念

同样的废物，从生产和消费过程看是垃圾，从发展循环经济看是可再生的能源。而同样的生活垃圾，过去是一埋了之，造成很大的环境污染，在循环经济模式下则可以变废为宝，既造福社会，又节约能源。通过立法，把污染者付费变成在全社会强制推行的制度；通过立法，把节约资源、清洁生产、绿色消费变成全社会的自觉行为。

2. 建立促进循环经济发展的法律体系

从生产过程来说，发展循环经济涉及从生产到消费的全过程；从环境角度来说，发展循环经济涉及资源节约、废物利用、环境保护等各个方面；从参与主体来说，发展循环经济涉及社会管理者、生产经营者和广大消费者之间的权利义务关系。循环经济的立法，既包括循环经济的大法，也包括相关的法规、政策、标准等，体现发展循环经济的要求。

3. 建立发展循环经济的基本管理制度

要总结循环经济发展的实践经验，制定基本的管理制度，对循环经济发展予以规范。要充分发挥政府在循环经济发展中的宏观调控作用，同时，要充分发挥市场配置资源的基础作用，运用价格、财政、金融、投资等政策手段，建立促进循环经济发展的激励机制。要制定循环经济的产业促进政策；制定循环经济投资项目的审核、标准和标识制度；建立资源综合利用认定制度和生产者责任延伸制度等。

4. 强化循环经济的执法监督

对法律的实施进行预评估，充分考虑执法的可行性，从而理顺体制，加强监督，加大执法力度，确保循环经济法律各项规定的贯彻和实施。

二、政府制度保障

国家统一规划建设循环经济的制度将发展循环经济确立为国民经济和社会发展的基本战略目标之一，进行全面周到的规划。政府在循环经济的发展中处于十分重要的地位，它既是循环经济的规划管理者，又是循环经济实施的法律监督者。因此，在循环经济立法中，明确了政府的职责，要求政府在各种规划中，合理安排布局，以减少资源的耗损和污染的排放；明确了政府有关部门，应当按照各自的职责，负责有关的循环经济促进工作；同时加强对循环经济实施的监督，对违反循环经济法律规定的行为人给予处罚。

循环经济的发展过程中政府的制度保障包括：做好国家的宏观规划指导；产业结构的调整意见与方案；循环经济的试点工作。

（一）做好国家的宏观规划指导

发展循环经济，建设资源节约型、环境友好型社会是我国经济发展的重大战略任务。做好宏观规划指导，国家要增加政府制度供给，特别是在总体规划和制度设计领域更加着力体现循环经济理论。国家发展改革部门按照科学发展观和“五个统筹”的要求，用循环经济的发展理念指导规划编制工作，将循环经济的重要指标统一纳入规划纲要。同时在组织编制各类专项规划、区域规划，和城市发展规划时也体现了循环经济的发展理念。加快建立循环经济评价指标体系及相关统计制度。

（二）做好产业结构调整

政府根据资源环境条件和区域特点，合理调整产业布局。大力发展第三产业和高技术产业，严把能耗增长的源头关，按照循环经济要求对开发区和重化工业集中地区进行规划、建设和改造，发挥产业集聚和工业生态效应，围绕核心资源发展相关产业，形成资源高效循环利用的产业链，努力提高资源产出效率加快调整产业结构、产品结构和能源消费结构是发展循环经济的重要途径。按照走新型工业化道路的要求，振兴装备制造业，加快高技术产业化，积极推进信息化，采用高新技术和先进适用技术改造传统产业和传统工艺，淘汰落后设备、工艺和技术。

政府编制国土整治综合规划。根据我国人口、资源分布极不均衡、各地区经济社会发展水平差异巨大的国情，以及生态环境破坏的影响具有明显的跨地域扩散的特点，针对生态环境已经成为制约经济社会发展要素的现实，对全国经济发展的空间布局进行大规模的统一规划，对各地区在全国发展过程中的功能进行重新定位。对生态脆弱区和生态功能保护区的发展规模、发展方式实行严格控制；通过完善财政转移支付制度，对生态脆弱区和重要生态功能区进行补偿。支持资源丰富、生态环境保护能力较强、潜力较大的区域加速发展；鼓励经济密集区在环境容量的范围内，通过发展循环经济在经济保持高速发展的同时，不断降低资源消耗和污染排放强度，把污染治理和生态建设作为经济增长的重要产业大力发展。

（三）做好循环经济试点工作

推进循环经济发展是一项系统性、综合性很强的工作。近年来，我国在探索、总结循环经济发展模式方面取得了一定进展，但从整体上看，推进循环经济发展还面临诸多的困难和障碍。开展循环经济试点，为全面推进循环经济发展转变经济增长方式提供实践经验是十分必要的。

政府开展循环经济试点工作，要紧紧围绕实现经济增长方式的根本性转变，以减少资源消耗、降低废物排放和提高资源生产率为目标，以技术创新和制度创新为动力，积极推进结构调整，加快技术进步，加强监督管理，完善政策措施，为建立比较完善的循环经济法律法规体系、政策支持体系、技术创新体系和有效的激励约束机制，制定循环经济发展中长期战略目标和分阶段推进计划奠定坚实的基础。

开展循环经济试点工作的总体目标是：在钢铁、有色、化工、建材等重点行业探索循环经济的发展模式，树立一批循环经济的典型企业，逐步形成企业循环经济标准体系（企业循环经济技术标准见图4-2、管理标准见图4-3）；在重点领域完善再生资源回收利用体系，建立资源循环利用机制；在开发区和产业园区进行试点，提出按循环经济模式规划、建设、改造产业园区的思路，从而形成一批循环经济产业示范园区；探索城市发展循环经济的思路，形成若干发展循环经济的示范城市。

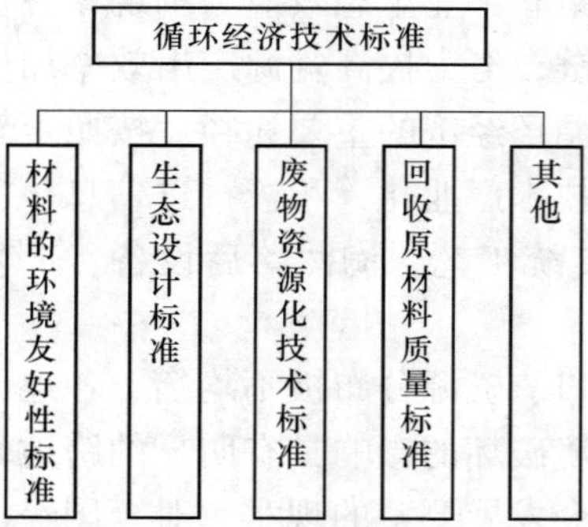

图4-2 企业循环经济技术标准❶

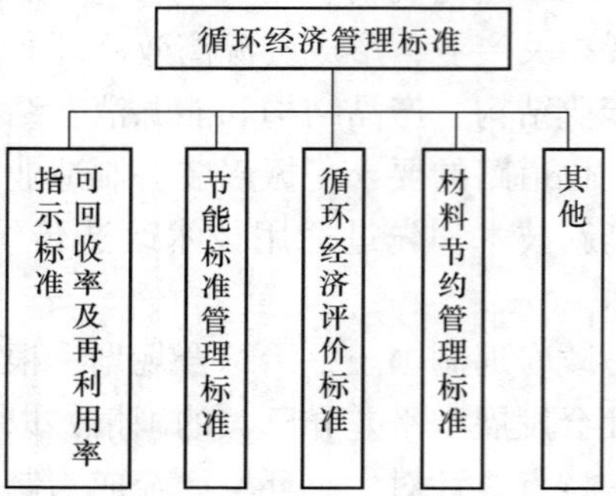

图4-3 企业循环经济管理标准❷

（四）制定符合循环经济要求的财政税收补偿制度

在构建与发展循环经济过程中离不开政府政策的支持，其中财税政策是理想的政策手段，它可以很好地利用市场的力量，包括利用市场本身所具有的有效配置资源的效能。同时，由于企业“经济人”的性质，基于经济激励的各种制度安排可能比强制性制度更有效率。

政府在财政税收补偿制度方面的保障包括购买性支出政策、财政补贴政策、财政税收政策、财政信贷政策、建立和完善生态环境补偿机制的制定。

1. 购买性支出政策

在购买性支出的投资性支出方面，政府应增加投入，促进有利于循环经济发展的配套公共设施建设。在购买性支出的消费性支出方面，政府可制定相关的采

---

❶❷ 刘玫，肖寒，于茜．企业如何开展循环经济标准化试点工作［J］．大众标准化，2011（10）：17.

购政策来促使市场鼓励再循环利用。继续完善资源综合利用税收优惠政策，研究对不易回收的大宗再生资源回收处理实行收费或押金制度的可行性。积极探索建立生态恢复和环境保护的经济补偿机制。

2. 财政补贴政策

政府通过制定财政补贴政策，对企业生产经营过程中使用的无污染或减少污染的机器设备实行加速折旧制度。政府通过面向开展循环经济的企业进行有针对性的财政补贴，可以大幅度地调动循环经济建设的积极性，指导着整个社会资源向循环经济的方向发展。

3. 财政税收政策

政府制定政策，扩大征收范围，在征税政策方面增设必要的环境资源税种，从而促进循环经济的发展。

4. 财政信贷政策

企业开展清洁生产发展循环经济需要有充足的资金支持，政府优惠的信贷政策是企业绿色生产的保障。

5. 建立和完善生态环境补偿机制

政府制定生态环境补偿机制，坚持谁利用谁补偿，谁受益或者谁损害谁付费，有利于保护地区与受益地区共同发展，使需要与现实可行相结合。

(五) 制定绿色 GDP 考核制度

过去在计算国家的 GDP 总量时，从未把经济发展带来的对环境与资源的破坏计为经济发展的成本，其结果是使 GDP 总量与经济发展实力相脱节，误导经济决策。发展循环经济需要在发展思路上彻底改变重开发轻节约，重速度、轻效益，重外延发展、轻内涵发展，片面追求 GDP 增长、忽视资源和环境的倾向，开展绿色经济核算，并纳入国家统计体系和干部考核体系。

国家发展和改革委员会同国家统计局、生态环境保护部、自然资源部、水利部、住房和城市建设部等有关部门研究并建立完善循环经济评价指标体系，完善相关统计和核算制度，加强对资源、能源利用状况及资源循环利用的统计和分析工作，研究建立科学的政府绩效评估体系，将发展循环经济、建设节约型社会的重要指标纳入各级政府目标责任制和干部考核体系中，研究制定发展循环经济的战略目标及分阶段推进计划。

三、企业制度保障

企业要走生态企业之路，就要以科学发展观为指导，在坚持“减量化、再利用、资源化”原则的同时，坚持以企业的可持续发展为根本目的，坚持依靠科技进步，提高资源利用效率，将促进人与自然的和谐，作为关系中华民族长远发展的根本大计，以提高生产率和降低废弃物排放量为目标，以技术创新、管理创新和制度创新为动力，完善各项规章与措施，逐步建立与国家发展循环经济相适应的、符合现代企业制度要求的运行机制，形成具有本企业特色的绿色经营管理模式。

为此，企业必须确立生态企业的经营思想和理念，科学认识和正确运用自然规律，加快经济结构、产品结构的调整和增长方式的转变，选择先进的生产形式，将企业创建成和谐的绿色企业，在社会上、在消费者心目中确立起绿色企业的良好形象，为发展国家的循环经济做出新的贡献。

企业是社会财富的创造者，也是直接和间接浪费资源、损害环境的责任单位。当前，企业正日益成为推动社会经济发展的重要力量，因此，发展循环经济也是企业责无旁贷的社会责任。我国企业正处于由粗放型向集约型生产方式转变的过程中，应积极抓住这一历史机遇，采取切实有效措施，实现企业的生产经营行为向循环经济模式转变，从而更好地承担起发展循环经济的责任。

（一）实行清洁生产，减少污染排放

联合国环境署对清洁生产的定义是："清洁生产，是将整体预防的环境战略持续应用于生产过程、产品和服务中，以期增加生态效率和减少对人类和环境的风险。对生产过程，要求节约原材料和能源，淘汰有毒原材料，削减所有废物的数量和毒性。对产品，要求减少从原材料提供到产品最终处置的全生命周期的不利影响。对服务，要求将环境因素纳入设计和所提供的服务中。"清洁生产是循环经济的微观基础，也是实现循环经济的基本途径。企业应严格依法组织生产，采取有效措施，减少污染物的排放。

（二）实施绿色营销，全过程防治污染

实现循环经济，不仅要求企业转变生产方式，还要求企业的经营目标、经营理念、管理方式等都有较大的转变：企业在选择商品生产技术时，应考虑尽量减少对环境的不利影响，在选用生产原料和产品制造过程中，应符合环保标准；企业在产品设计和包装设计时，应尽量降低商品包装或商品使用的残余物，以减少商品对环境的污染；企业应努力建立一套行之有效的废物回收体制。绿色营销如图 4-4 所示。

（三）大力发展生态工业圈

企业间通过清洁生产、废物交换和循环利用等手段进行合作，就可能使甲企业所生产的废物成为乙企业的原料，逐步形成一个良性环状利用结构，从而最大限度地减少废物排放。生态工业园区是根据工业生态学原理和循环经济理念设计

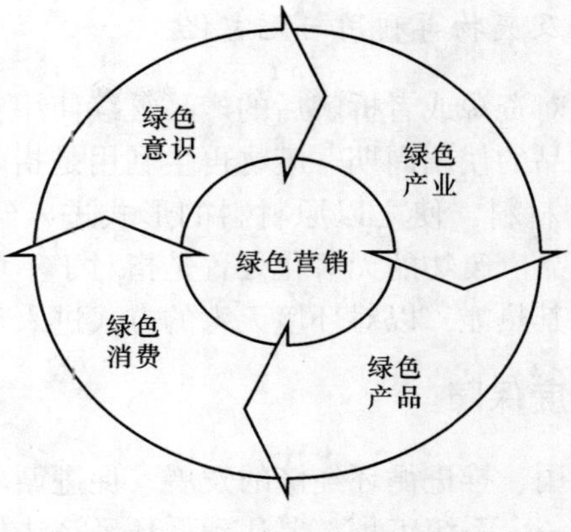

图 4-4　绿色营销

建立的一种新型工业组织形式，它通过设计工业园区的物流和能流的模式，模拟自然生态系统，形成企业间的共生网络，如图 4-5 所示。

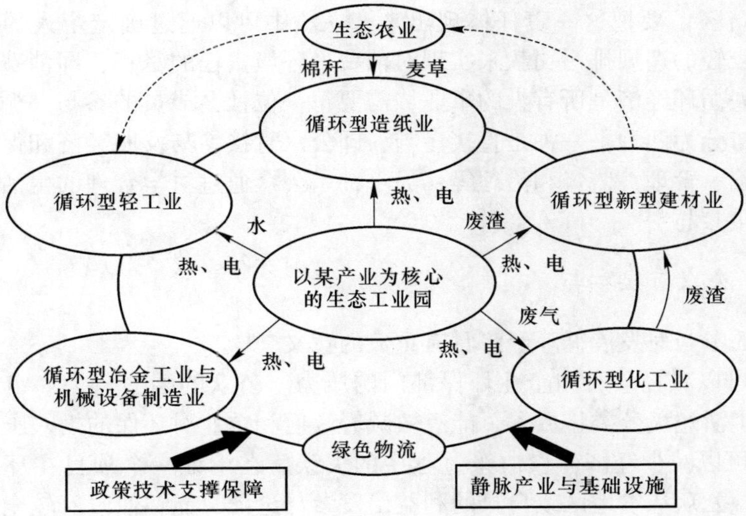

图 4-5　某区域循环经济生态圈

（四）资源综合利用

资源综合利用主要包括：在矿产资源开采过程中对共生、伴生矿进行综合开发与合理利用；对生产过程中产生的废渣、废气、废水、余热、余压等进行回收和合理利用。资源的综合利用在很大程度上体现了循环经济对资源利用的要求和废物资源化的理念。

（五）资源再使用及废物再利用与无害化

资源的再使用是指对资源或者拆解后的产品继续使用，或者修复、翻新、处理后继续使用，延长产品的使用周期。废物再生利用是指收集、分类、消毒、处理那些可能成为废物的材料，使之以原材料的形式进入经济领域，用于生产新的、再生的或复合的产品。废物的无害化处置是指对于不可再生利用的废弃物应当采取焚烧等形式回收其热能，以对环境无害的方式进入环境。

四、社会公众制度保障

加强资源的循环利用、推进循环经济的发展、促进循环型社会的形成，实现人类的可持续发展，是一个系统工程，要达到循环经济法的立法目标，必须全社会共同努力，共担责任和义务。在循环经济立法中，必须强调消费者的环保义务，规定消费者也应为其消费行为承担回收利用的义务和费用。这可以称之为“消费者责任”。由于消费者与企业一同在能源和资源的损耗中受益，应共同为环境损害承担责任。因此在循环经济法中存在“生产者责任”，则必然不能排除“消费者责任”。要把这一责任体现出来，立法中可以通过确定个人的排污权交易制度和较轻的违规排污罚款来实现对消费者环境责任的承担，即消费者付费的理念。发展循环经济是所有人的事业，需要每一位社会成员的参与。循环经济中的公众参与分为两种：一种是直接参与，即公众直接参与发展经济和保护环境过程中的决策、管理、监督和治理等；另一种是公众通过科学合理的生活方式或消费方式间接参与。

（一）公众直接参与

公众的参与对发展循环经济具有重大的意义。

（1）可以减轻政府和企业环保部门的压力。公众的某些行为如自觉保持公共卫生、生活垃圾分类排放等，能有效减轻政府和企业对环保的投入压力。

（2）可以减少经济建设决策过程中的失误。在论证一个项目在环保方面是否可行时，公众从本地区或自身的利益出发参与论证，能够使政府较全面地了解情况，减少环境决策中的失误。

（3）可以缓解矛盾纷争，稳定社会。公众参与可让项目建设方和公众增进相互理解，减少矛盾，从而有助于社会的和谐稳定。

（4）公众参与是对政府和企业行为的有效监督。例如公众对企业污染行为的举报，可以帮助解决环保执法力量不足的问题。

（二）公众间接参与

公众的间接参与体现在其绿色消费行为上。绿色消费是发展循环经济的内在动力。

绿色消费的要求：消费者在消费时选择未被污染或有助于公众健康的绿色食品；在消费过程中注重对废弃物的处置，不造成环境污染；消费者应转变消费观念，注重环保，节约资源和能源，实现可持续性消费。绿色消费行为将导致人类的消费结构发生重大变革，而消费结构的改变必将导致社会的产业结构、技术结构和产品质量的调整和升级，形成绿色消费需求与经济增长之间的良性循环，从而推动循环经济的发展。

综上所述，我们应该不断加强和完善已有的法律法规以及通过立法，规定政府、企业、社会公众在循环经济中的法律责任，从而提高公众的环保意识。

我国政府除了认真贯彻落实已有相关法律法规和规定外，还要完善一系列适应循环经济形成和发展的其他相关法律制度。企业也应按照法律承担起相应的社会和法律责任。社会再生产的末端是消费者，在循环经济法律体系中，消费者应当承担更多的义务，为其违反循环经济法律规定的行为承担相应的责任。因此明确各利益相关方的责任对循环经济法的立法有重要的指导意义。

中华人民共和国循环经济促进法，见附录。

第五章　区域循环经济发展的法制保障

现代区域经济是社会化程度日益提高的市场经济，由于市场配置资源的功能存在着失灵的领域，公共品的供应也不能完全通过市场的力量达到特定的经济区域，区域市场秩序的规范和区域经济运行中许多问题的解决需要政府有效的干预，这就要求法制加以保障。区域经济的发展不仅取决于法制化，而且受益于法制化，法制不仅是区域经济发展的必要条件，更是区域经济发展的制度性因素。区域循环经济法制化提升的不仅仅是区域的法律品质，更是区域的核心竞争力。

第一节　区域循环经济概述

一、区域循环经济发展的概述

（一）区域循环经济的概念

区域循环经济是指在企业、园区和城市实现了循环经济的基础上，在区域内更高层次上、更大范围内实施的循环经济，是社会循环经济的基础。区域循环经济是建立在区域经济或区域发展基础之上的循环经济，一方面它与区域经济规律相一致，另一方面又必须按照自然界的生态循环原则，以物质和能量的自然流动为基线，构造其产业结构，促进物质资源的循环。

（二）我国区域循环经济发展背景

新中国成立以来，国家高度重视区域发展问题，相继制定了一系列促进区域发展的政策措施，各个地区的发展活力明显增强，区域经济发展整体呈现增长较快、布局改善、结构优化、协调性增强的良好态势。但是，由于一些地区在经济发展中实行 GDP 至上，忽略发展的质量，对资源环境造成了极大的损害。经济发展必须按照科学发展观的要求，正确处理“好”与“快”的关系，真正走科学发展、可持续发展的道路。要注重节约资源，提高资源利用率，注重生态建设和环境保护，促进人与自然和谐发展。循环经济是一种新型的、可持续发展的经济模式，对于整个区域经济的发展起着极大的促进和推动作用，它能够规避传统区域发展模式中存在的不足，带动落后区域实现跨越式发展。

1. 国家政策支持

改革开放以来，我国经济快速增长，同时也付出了巨大的资源和环境代价，经济发展与资源环境的矛盾日趋尖锐。为此，国家出台了一系列关于经济、社会、环境发展的宏观政策规定，使我国总体生态环境状况恶化的局面有所缓解。但是，传统的高消耗、高排放、低效率的粗放型增长方式并未根本改变，资源利用率低，环境污染严重，严重制约经济的健康发展。

21世纪前20年，我国处于工业化和城镇化加速发展阶段，面临的资源和环境形势十分严峻。为抓住重要战略机遇期，实现全面建设小康社会的战略目标，必须改变传统的经济增长方式，以最少的资源消耗和最小的环境代价换取最大的经济效益，实现经济、环境和社会的全面协调可持续发展。

我国循环经济的发展存在着法规、政策不完善，体制、机制不健全，相关技术开发滞后等问题。为此，2005年，国务院发布了《关于加快发展循环经济的若干意见》，为循环经济的发展提供了明确的政策依据。2006年3月发布的《中华人民共和国国民经济和社会发展第十一个五年规划纲要》，对今后五年发展循环经济、建设节约型社会做出了全面部署，明确提出："坚持开发节约并重、节约优先，按照减量化、再利用、资源化的原则，在资源、开采、生产消耗、废物产生、消费等环节，逐步建立全社会的资源循环利用体系。"2009年1月1日颁布了《循环经济促进法》，将发展循环经济纳入法制轨道，规定了编制循环经济发展规划、实行总量控制、建立和完善循环经济评价指标体系、确立生产者责任延伸制度等基本管理制度，为促进循环经济发展，实现可持续发展提供了法律依据。

2. 区域协调发展

在实现了企业和园区的循环经济后，需要在区域内规划实施更高层次、更大范围的循环经济，以改善区域生态环境质量，提高区域资源利用效率和产出效益，促进区域整体的健康发展，提高区域的经济竞争力，提升落后地区的产业结构水平、就业水平和人民生活水平，从而为形成全社会整体的循环经济打下坚实的基础。

二、发展区域循环经济的必要性

循环经济在区域经济中的应用，能够促使整个区域节约生产资源，提高资源利用效率，增加经济效益，强化区域联系，最终保护好人类赖以生存的地球环境。因此，在区域层面实施循环经济更为必要。

（一）实现废料再资源化的需要

区域内发展循环经济应以资源利用最大化、废物排放最小化和经济活动生态化、居民消费绿色化为根本目标，要求自然资源的循环使用和循环替代。在一个区域内常常会发生这样的情况：某个企业的废弃物是另一个企业可以再度利用的资源。然而由于信息的不对称性，资源不能循环利用的情况时有发生。因此，建立区域循环经济信息平台对促进循环经济在区域层面的发展是非常有必要的，可以加强区域内、区域间的信息沟通。

（二）提高循环经济规模效益的需要

在区域经济学理论中提出了聚集经济的概念，这种外在规模经济可以产生规模效益。聚集经济在空间上的局部集中现象往往消除了在分散状态下所没有的经济效率，导致了由企业聚集而造成的整体系统功能大于分散状态下各企业所能实现的功能之和。循环经济的发展强调企业间的废物循环利用，企业聚集可以有效降低处理成本和运输成本。因此，只有整个区域范围内实行循环经济，才具有经济上的合理性和实施的可行性。

（三）实现区域内平衡发展的需要

由于各地的经济水平高低不一，区域内存在着发展不平衡，发展循环经济的能力也有差异，导致循环经济发展中存在着诸多难题，需要通过区域的整体统筹才能获得较好的发展效果。因此，经济发达的区域可以通过加强生态保护、开发旅游资源、调整产业结构、培训人才、对口就业安置等方式，帮助落后地区发展循环经济，可以提高区域循环经济的效率，促进整个区域循环经济的平衡发展。而落后地区反过来也能对发达地区的产业结构调整起到积极作用，并保持和增强区域环境资源优势，实现双赢。

（四）落实重大循环经济措施的需要

中国是资源消费大国，更是资源浪费大国，资源的使用效率只有发达国家的1/3。伴随着经济的发展，资源浪费、环境污染等严重的社会经济问题不断凸显。某些资源的循环利用、环境保护等，单在一个城市推行，效果并不明显，需要整个区域乃至全社会达成共识，采取联合行动才能取得较好的效果。比如说一次性产品问题、垃圾分类问题等，只在某一城市解决是不彻底的，只有整个区域乃至全社会长期的共同行动，才可能取得区域内甚至全社会的实际成果。

（五）推进区域性项目的需要

很多循环经济项目是跨区域的，单一城市无法实施，必须从区域层面整体推进。比如说，华北地区雾霾、沙漠化的防护林带建设、长江流域治理、海洋污染治理、国家自然保护区的保护等，如果没有区域内各地政府和企业的共同行动，就很难取得成效。

（六）提升区域综合竞争力的需要

区域循环经济以保护生态和最有效地利用资源为特征，发展区域循环经济有利于产业结构的优化升级，促进经济增长方式的转变；有利于推动社会的科技创新和企业的技术创新，提高招商引资的质量和水平，快速提升区域经济运行质量，提高区域整体竞争力。

（七）实现区域可持续发展的需要

区域循环经济以资源利用最大化、废弃物排放最小化和经济活动生态化为根本目标，以人与自然的协调发展为准则，在区域范围内模拟自然生态系统运行方式和规律，使社会生产增长方式从数量型转变为质量型，实现经济、社会和环境的协调发展，从而实现区域的可持续发展。

三、区域循环经济发展原则

（一）“3R”原则

“3R”原则是循环经济的基本原则，按照“减量化（Reducing）、再利用（Reusing）、资源化（Recycling）”要求，区域内发展循环经济，要减少进入生产和消费流程的物质量，减少资源消耗，把废物再次变成资源，提高资源利用效率。

1. 减量化

减量化要求在社会生产过程中，减少不可再生资源的投入，使用清洁能源，提高生产率，降低污染物排放，削减因经济发展引起的环境成本增加。

减量化的原则是，在满足既定的生产和消费目的不变的情况下，使生产与环境相容相安，降低能耗，充分利用原材料，提升产品档次和附加值，把整个生产过程控制在环境成本和经济成本较低的程度。在生产源头，减量化要求减少资源和原材料的投入，同时使用清洁、高新生产技术；在生产过程中，要求产品以实用为主，拒绝产品过度包装，增大产品功能和用途，淘汰一次性物品和生产功能单一、边缘性产品。在消费环节，要求消费者具有生态意识、理性消费，转变消费观念，摒弃“消费至上”的生活方式，减少非必要消费。

2. 再利用

再利用拒绝一次性消费，要求多样化重复使用，将废物的全部或者部分作为其他产品的部件予以使用。再利用原则要求产品完成其本次使用功能后，尽可能引入新的“生产—消费”的循环系统，以现有的形态再次变成生产原料，重新进入生产环节，防止资源消耗过快，废弃物垃圾过多。

可以通过两种路径实现此循环：一种是延展产品的使用寿命；另外一种是提高产品的利用率，拒绝分散使用。

在生产领域，再利用原则要求生产者生产质量高、品质好的产品，尽量延长产品的使用周期和服务年限。在消费领域，再利用原则要求人们尽量对旧物进行改造，以延长商品使用寿命。

3. 再循环

再循环原则，也称为资源化原则，应用于输出端。资源化原则与一次性消费是对立的，它要求终端消费品能够以初始资源形态被反复使用。

实现物品资源化大致有两种方式：一是同类资源化，即将相同性质的废旧产品资源化后，变成原产品原料，生产出同类产品；二是不同类资源化，即利用废弃物制成新形态物质。遵循这样的资源化过程，上下流生产链联系更加紧密，还可以形成新的生产链条，扩大企业集聚效应。

循环经济“3R”原则中减量化、再循环、再利用并不是相互孤立的，三者是低位阶与高位阶的关系。减量化是高位阶，是最能体现循环经济根本目的的手段。再循环、再利用是低位阶，是末端的补救措施，如图 5-1 所示。

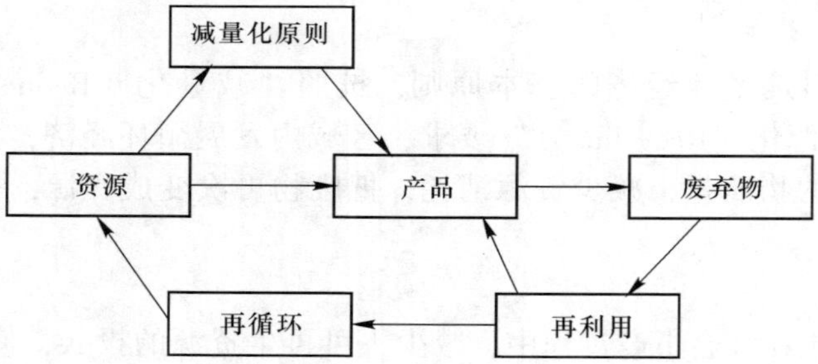

图 5-1　循环经济“3R”原则❶

（二）人与自然和谐发展原则

作为人类社会的一种新经济活动，循环经济具有的和谐本质是显而易见的。循环经济在其本身的运动路径中形成了一个完美的和谐的闭环，实现了物质与能量的循环流动，同时在物质与能量的循环流动的过程中伴随着的是物质、人与自然、人与人的完美和谐。

人与自然和谐发展原则是区域循环经济发展的基本原则之一。要求区域经济发展以区域自然环境承载力为基础，改善经济发展对环境的破坏。该原则作为区

❶ 宋丹丹．区域循环经济发展的法制保障研究［D］．吉首：吉首大学，2015：11.

域发展的总体战略方针，贯穿于区域发展的各社会层次的综合决策和计划调控之中，体现于环境经济政策、环境公平政策、环境法律政策、环境科技政策等各个方面。

生态环境在伴随经济增长中牺牲的代价太大，应当摒弃这种破坏生态的增长模式，实施人与自然的和谐发展，实施资源、社会、经济三者之间的共生共荣，牢固树立人与自然和谐发展的战略观点。

（三）源头控制原则

循环经济的发展中，减量原则是第一位的，因此，应该从源头进行控制，着眼于区域产业结构、产品结构的调整，最大限度地减少废物的产生。遵循源头控制原则，首先要求合理设计产品的代谢过程。工业代谢分成产品代谢和废物代谢。在工业生态系统中一般同时存在产品代谢和废物代谢。应主动研究和优化产品代谢过程，通过革新现有的产品链、补充和完善产品代谢链网，使废物在产生以前就被减少或消除，或者在产生以后可以再生利用。

（四）统筹兼顾原则

在区域经济发展中，既得利益是不能统一的，尤其是在环境资源保护和生态建设活动中，市场机制进行调整会影响国家、集体、个人的利益，只有平衡和正确处理社会各方面利益，协调短期与长远利益，才能做到统筹兼顾。

首先，应做好规划工作，这部分是由政府带头制定的。从宏观来讲，国家或中央政府应该根据国情，制定综合、科学、可行的经济发展规划，同时颁布有利于环境良性循环的环境规划，宏观调控政策要注意加强环境资源保护，发挥宏观政策的统筹安排。从区域来讲，要制定科学合理的自然资源和能源规划利用、经济发展规划，实施环境和经济同步发展的行动，制定环境综合管理方案，制定有助于推进区域经济发展的财政、税收政策，建立高效便利的市场交易环境。

（五）生态安全原则

生态安全是指区域发展未对人类赖以依存的自然环境造成伤害或威胁，更直接客观的标准是没有出现生态赤字。生态安全原则也称为生态空间保护原则，它要求人类发展要为后代留下足够的生态空间，不能超过现行环保标准，否则就会威胁到人类的长期繁衍生存。

生态安全是制约我国经济发展的主要阻力。我国虽是资源大国，但人均享有资源又微乎其微，现状是资源环境压力大，生态环境脆弱，扣除自然损耗，经济净增长较低。这些因素是经济和社会发展的巨大阻力，如果不解决将会威胁生态安全，进而威胁社会稳定。

区域生态安全以维持生态系统结构与功能的完整性和生态过程的稳定性为目的，强调对生态功能区的保护，注重充分利用区域生态环境的优势，整合各类生态环境要素的服务功能，发挥空间聚集与协同作用，促进区域生态系统保护和经济发展。

确保生态安全需要有两方面的措施：一是风险预防，指在实施保护环境的所有措施中重视预防措施，不能因为风险的不确定性或缺乏科学预警，而使环境面临严重或永久性损害；二是全程控制，建立以“过程控制”为主的生态理念，从思想上重视，从行为上贯彻，将环境风险、危害降到最低。

四、构建区域循环经济系统

循环经济系统要求以新的眼光来看待经济的发展，认为经济系统中生产的物质、能量和信息的流动及储存与生物生态系统有着很大相似性和一致性。区域循环经济系统正是通过模拟自然生态系统的食物链，建立产业中的“生产者—消费者—分解者”的产业经济链，形成互利共生的循环经济网络，实现物质能量流的闭合式循环。区域循环经济不能背离区域发展的规律，必须与区域经济规律相一致，又必须按照自然界的生态循环原则，以物质和能量的自然流动为基线，构造其产业结构，促进物质资源的循环。

区域循环经济系统是对自然生态系统的模仿，它全面体现了可持续发展的理念。区域生态系统由绿色产业系统、基础设施系统、技术支撑系统和社会保障系统构成，如图 5-2 所示。

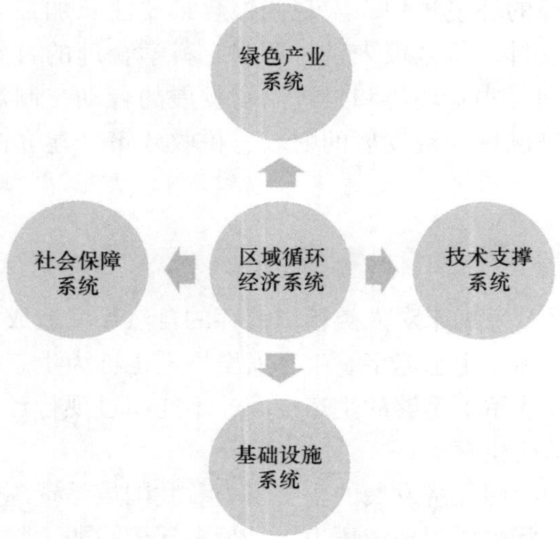

图 5-2　区域循环经济系统

（一）绿色产业系统

绿色产业是指对自然生态环境不产生或很少产生危害的产业，包括生态产业和环保产业。生态产业包括生态农业、生态工业和生态服务业，环保产业包括废弃物利用、环境净化和能源节约等产业。

1. 生态农业

生态农业是指在环境与经济协调发展思想的指导下，按照生态学原理，通过合理规划和利用现代科学技术与传统农业技术相结合，充分发挥地区资源优势，合理组织农业生产，实现农业高产、优质、高效、持续发展，达到生态和经济两个系统的良性循环和自然、经济和社会“三个效益”的统一，从而保持和改善生态平衡，提高系统的可持续发展能力的农业生态系统。

生态农业具有综合性、多样性、高效性、持续性的特点。

综合性：生态农业强调发挥农业生态系统的整体功能，按“整体、协调、循环、再生”的原则，全面规划、调整和优化农业结构，使农、林、牧、副、渔和农村一、二、三产业综合发展，从而提高综合生产能力。

多样性：生态农业针对我国地域辽阔，各地自然条件、资源基础、经济与社会发展水平差异较大的特点，充分吸收传统农业的精华，结合现代科学技术，以多种生态模式、生态工程和技术类型装备农业生产，使各区域扬长避短，充分发挥地区优势，协调发展。

高效性：生态农业通过物质循环和能量多级利用及农产品的系列化深加工，实现废弃物资源化利用，降低农业成本，实现经济增值，提高经济效益。

持续性：发展生态农业能够保护和改善生态环境，提高农产品的安全性，变农村经济的常规发展为可持续发展，把环境建设同经济发展紧密结合起来，最大限度地满足人们对农产品日益增长的需求，提高生态系统的稳定性和持续性，增强农业发展的后劲。

生态农业是循环经济的基础，发展生态农业需遵循以下基本原则：循环利用原则、合理配置原则、系统调控原则。

图 5-3 为某地生态农业系统示意图。

2. 生态工业

生态工业是为了达到工业系统的低消耗、高效率的持续发展目标，以工业生态学为理论基础，应用现代科学技术对工业发展模式和结构进行改造，建立和发展起来的一种与生态环境的结构和功能相协调的、生态化、高效的综合工业体系。

生态工业具有高效化、集约化、生态化、清洁化的特点。

生态工业是工业发展的较高境界，在可持续发展的时代，具有传统工业发展

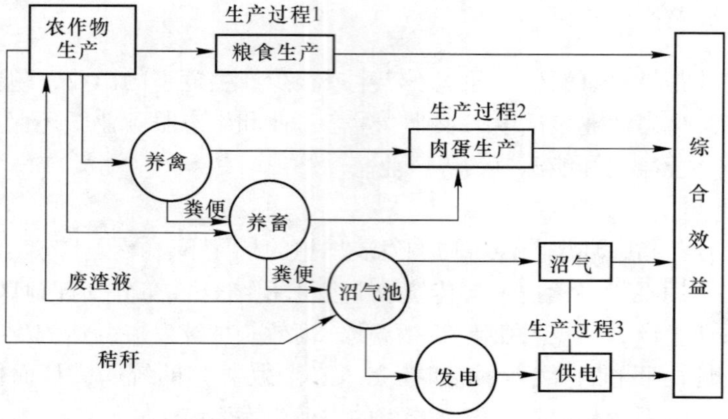

图 5-3　某地生态农业系统示意图

模式无可比拟的优势。与传统工业相比，具有其突出的高效化、集约化、生态化和清洁化特征。

高效化：生态工业强调工业活动以不破坏生态系统为前提，力求将工业过程纳入生态化轨道中去，用生态经济效率来衡量工业发展程度，是一种能够长期为社会经济利益做贡献的持续发展的工业体系。

集约化：在工业过程的规划和工艺设计上注重生态工业结构框架建设，具有明显的集约利用资源和能源的特征，将原来排放废弃物和污染物的终点转化为不同生产环节的节点，衔接并打通再资源化的渠道，实现资源多次循环利用和废弃物的再资源化。

生态化：生态工业要求把工业生态学理念和环境保护战略纳入工业生产的规划、决策和生产经营各要素中，并依据工业生态学原理来规划、组织、管理工业生产和服务。

清洁化：清洁生产是生态工业也是循环经济的前提和本质，生态工业是清洁生产理念在整个工业系统的拓展，其基础依据是追求生态经济效率最大化。

生态工业是区域循环经济系统的重要组成部分。生态工业的发展需遵循以下原则：整体和系统的原则、生态经济效率最优原则、渐进演化的原则、低物耗、低能耗技术、工艺优先原则、经济、社会和环境协调发展的多功能性原则。

图 5-4 为生态工业系统示意图。

3. 生态服务业

生态服务业也可称为“生态第三产业”，也就是指第三产业的生态化。生态服务业是循环经济的有机组成部分，包括清洁交通运输系统、科技教育服务部门、绿色商业和金融服务部门以及生态旅游等有关的服务业。

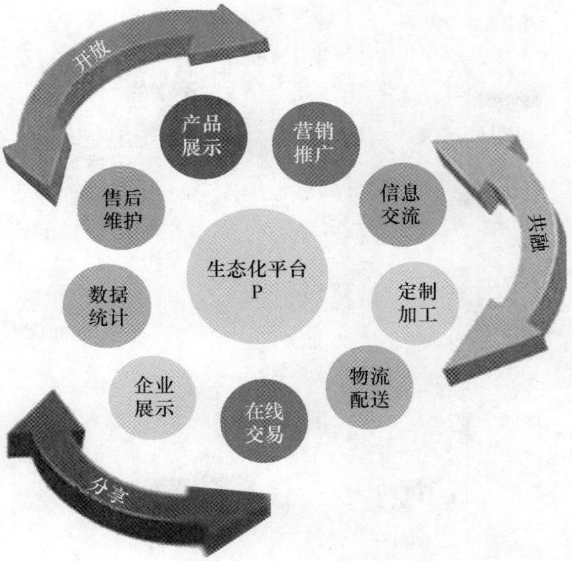

图 5-4　生态工业系统示意图

生态服务业是区域循环经济系统的重要组成部分，它的发展将有力地支持生态农业、生态工业的有效运行。生态服务业的发展需遵循以下原则：生态化的原则、协调的原则、统筹的原则、服务的原则。

4. 静脉产业

静脉产业是垃圾回收和再资源化利用的产业，又被称为“静脉经济”、第四产业。其实质是运用循环经济理念，有机协调“垃圾过剩”和资源短缺问题，通过垃圾的再循环和资源化利用，自然生态系统真正进入良性循环的状态。其包括农业废弃物循环利用，如沼气利用、秸秆利用等，工业废物综合利用，生活垃圾的循环利用、污水循环利用。

（二）技术支撑系统

循环经济的实现需要能源综合利用技术、清洁生产技术、废物回收和再循环技术、资源重复利用和替代技术、污染治理技术、环境监测技术以及预防污染的工艺技术等技术支持（图 5-5），这些技术是构筑循环性经济的物质基础，是建设循环经济的技术依托。循环经济的减量化、再利用和资源化，每一个原则的落实都离不开先进的处理和转化技术，也离不开先进的科技载体。

发展区域循环经济，与其相关的技术主要有企业、产业园区、区域三个层面的多种技术，包括清洁生产技术、资源回收利用技术和环境无害化技术。区域循环经济系统的要求，就是要建设循环经济的技术体系，使这三个方面的技术相辅

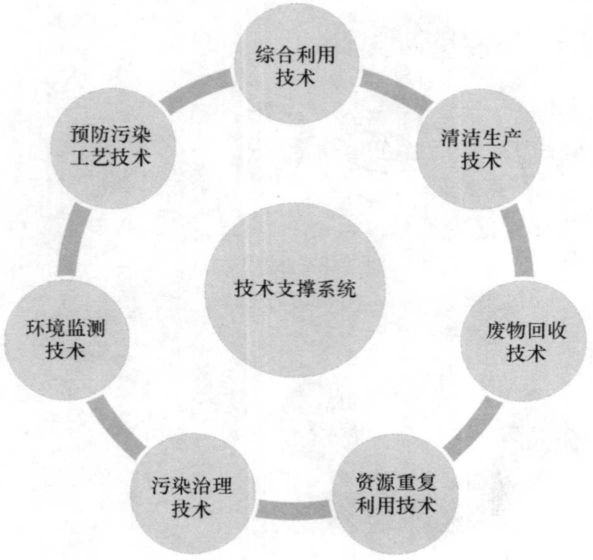

图 5-5　循环经济技术支撑系统

相成，实现产业结构的循环化。

目前，循环经济技术支撑体系的研究主要是围绕循环经济的物质流“资源—生产—消费—废弃—环境”而开展的。然而，对于一个区域来说，循环经济不是“资源—产品—再生资源”的简单反馈流程，而是一个由社会、经济、技术、制度、资源、环境等要素组成的复杂系统。同样，作为循环经济实施的基础性技术体系，也必然是一个复杂的体系。

区域循环经济的技术支撑系统是由开源化技术、减量化技术、再利用技术、再循环技术、无害化技术、产业提升技术六大技术体系构成，它们不是单项技术的简单集合，而是一个涉及资源、环境、社会、经济生活各个方面的三维系统。区域循环经济技术支撑体系作用的方法依次为开源化、减量化、再利用、再循环、无害化；技术体系的作用对象依次为初级资源、产品、废弃物资、无法利用的废弃物；技术体系作用的领域依次为资源领域、生产领域、消费领域和环境领域。

（三）基础设施系统

区域内基础设施是指既为区域物质生产又为区域人民生活提供一般条件的公共设施，是系统赖以生存和发展的基础。基础设施不仅反映一个区域的综合实力和竞争力，还反映出区域内居民的生活质量和社会福利水平。随着经济的发展，区域基础设施对区域循环经济系统运行的促进和保障作用日显突出，已成为区域循环经济系统的一个重要组成部分。

区域内基础设施建设关系到区域经济、社会、资源环境、人口等各个方面。区域基础设施在质和量、空间和时间上，必须与区域的经济、社会、资源环境等子系统协调发展。区域内基础设施要尽可能体现循环经济的思路，尽可能用太阳能、天然气等清洁能源，尽可能使用新技术、新材料，以减少能源、资源消耗，减少对环境的破坏和污染。针对区域水资源情况，考虑建设“中水道”，或对现有的公共设施进行改造，以提高水的利用率。

（四）社会保障系统

社会保障系统是人类及自身活动所形成的非物质生产的组合，涉及人及其相互关系、意识形态和上层建筑等领域，包括人口、文化、艺术、道德、宗教、法律、政治及人的精神状况等。构建区域循环经济系统在社会保障系统方面需要注意以下几点。

1. 转变政府的职能

由于循环经济的思想具有前瞻性和战略性，政府应通过制定一定的法律法规和政策加以引导，形成以立法为基础，以行政措施为主，以经济手段为辅的多层次结构。

在进行区域循环经济系统建设的实践中，政府组织及其管理手段的运用是系统有效运行的保障。为了保证区域循环经济系统的顺利运行，要加强建设政府宏观调控能力。主要包括：建立政策体系及运行机制，加强监控，建立信息系统，提升综合决策与评价能力；建立各级组织机构，加强部门之间联系，促进区域系统内外各类资源的合理运用和社会经济协调发展；建立管理规章制度及管理程序，规范企业和个人的行为，调节各种社会关系的利益，加强政府同企业、公众之间的联系与沟通，建立政府与企业、政府与公众的和谐关系。

2. 建立生态文化

实现区域经济可持续、社会可持续和生态可持续是构建区域循环经济系统的最终目的，而这个目标的实现归根结底在于人的文化素养，因此，建立生态文化是构建区域循环经济系统的一个重要支撑要素。

生态文化，是指人类在实践活动中保护生态环境、追求生态平衡的活动和成果，也包括人在与自然交往过程中形成的价值观念、思维方式等。生态文化的核心内涵是人与自然的和谐相处，生态与经济和社会协调发展，从而保证区域经济可持续发展的一种新型文化。生态文化的建设包括生态意识的建设、生态道德的建设，以及倡导节约资源保护环境。

生态意识是指人们为谋求人与自然和谐相处而形成的一套思想观念，其主要内容包括生态保护意识、能源节约意识、消费简约意识、亲近自然意识、环境优化意识等。

生态道德扩展了道德功能的领域，把传统道德调整人和人之间关系扩展到调整人和人以及人和自然的关系，重视道德保护环境、保护自然的功能。

倡导节约资源保护环境是在全社会倡导一种节约资源、减少浪费的新型道德观念，是解决社会发展的无限性与资源有限性的矛盾的必然要求。

3. 提倡绿色消费

绿色消费具有两方面的含义：一是消费行为要有利于人类自身的健康；二是消费行为要有利于生态环境的平衡与保护。绿色消费是节约型的、适度的消费；绿色消费是科学的、文明的消费，讲求消费的合理性。绿色消费是一种新的生活方式，是一种符合生态平衡和自然保护原则的可持续发展的生活方式。

总之，绿色消费对于区域循环经济系统的促进作用非常明显，它将随着人类价值观的转变，新的技术形式和新的能源方式的创造和采用，使人类走向一个新的经济时代。因此，区域循环经济系统建设，应当通过提倡绿色消费，建立生态化的生活方式。

4. 建立有效的公众参与机制

与可持续发展一样，没有公众的广泛参与，循环经济的发展是很困难的。只有当循环经济的价值观被公众普遍认同和接受，从而内化为公众的价值观，使公众能够自觉地参与建设区域循环经济系统，循环经济才能最终实现。要争取公众广泛参与循环经济发展，除了加强舆论宣传，还需建立适宜的公众参与机制。包括几个方面：一是建立公众参与的保障机制；二是建立公众参与的信息交流机制；三是实施强制性公众参与。

5. 运用经济手段

利用经济手段促进循环经济发展，主要是运用价格、税收、信贷、收费、保险等，调节或影响市场主体的行为，以实现经济建设与环境保护的协调发展，把污染者付费的原则贯穿到从生产到使用和回收利用的整个产品生命周期。

第二节　区域循环经济法制理论基础

历史经验表明，健全的法律制度有利于提升社会主体执法、司法水平，能塑造法律的权威，更有利于建设资源节约型、环境友好型社会，加快发展循环经济，树立以人为本、良法至上的和谐社会的核心价值。对于区域循环经济法制理论基础的分析，可以从法制理念和法律价值两个方面进行。

一、区域循环经济的法制理念

（一）可持续发展理念

可持续发展思想作为一种划时代的全新发展理论，是 20 世纪人类最根本性的观念变革之一，是环境危机逐步深化的反映，是现代生态和经济系统基本矛盾日益激化的必然产物。

可持续发展理念自 1992 年里约环境与发展大会正式提出起，就被日益普遍地纳入域外环境立法和国际环境条约、软法文件中，成为环境立法的目标。循环经济法主要调整人们在循环经济活动中的行为和活动，强调在循环经济活动中经济发展与环境资源和谐并存和可持续发展。因而，可持续发展是循环经济法制的宗旨和任务。

我国环境法在进入 21 世纪前后，经历着从第一代向第二代的转变。可持续发展成为我国第二代环境法包括其中的激励机制的基本理念，即体现公平和效率，而且是公平优先，兼顾效率。

区域循环经济的发展同样以可持续发展为目标追求，区域循环经济的法制建设也体现了这种健康的可持续发展理念。

（二）多元主体理念

传统经济是物质从一端流向另一端，是一种不循环的经济，即："资源—产品—废物"，处于物质流程的低级阶段，这种资源流通过程是低端的。如今，区域循环经济法制理念注重后期的废物处理，新追求物质资源输入输出路径系统封闭循环，即"资源—产品—再生资源"和"生产—消费—再循环"模式。在区域循环经济模中，消费一改过去引起环境危机最主要原因的状况，反而承担起了一项重要的职能——产生可再生原材料。在这种发展模式中，将排放污染物和废弃物的可能性降到最低。

由于循环经济贯通人类社会活动的全过程，所以，农业领域、工业领域和服务业领域都将成为循环经济的重要组成部分，每个社会人也都成为循环经济的重要参与者，在各个领域中担任不同角色的主体，都是循环经济的一分子。因此循环经济法制涉及的民事主体的关系具有广泛性和复杂性。各个民事主体享有的权利与必须履行的义务要一一对应。循环经济法制理念体现了全体参与，共同负责的精神。

（三）协调的法制保障理念

循环经济首先是一种法制经济，需要法律法规保障循环经济的良好运行。要真正实现循环经济发展的目标，必须完善循环经济法律制度的完整性。

循环经济的法制理念，应该体现在宪法、基本法、专项法和其他相关法规中。20 世纪末，循环经济试点在我国取得良好效果，为扩大发展模式，保障经济发展成果，循环经济法律制度建设随之提上日程，并逐步上升到宪法之中，从而实现循环经济在根本法中的保障。在基本法层面，《循环经济促进法》的颁布标志着循环经济发展模式在基本法得到了保障。专项法和其他相关法规的建设方面，各省市政府在《循环经济促进法》精神指引下，依据区域特点制定保障循环经济发展的程序举措、监督部门，执法部门和公民行为准则，纷纷颁布了适合本区域经济发展的专项法规。

区域循环经济法制理念是当今社会主流经济法制理念。区域循环经济立足于保护生态环境、实现经济健康发展，而树立正确的区域循环法制理念，有助于构建完整的区域循环法制体系。

二、区域循环经济的法律价值

法律创制前首先要考虑的因素之一是法律的价值，这是立法的来源和凭据。法的价值不仅对立法轨制起着指引作用，还对规范设计起着支撑作用。区域循环经济法制的立法目的是促进实现区域循环经济法制的基本使命——经济发展与环境保护相协调，这也是其法律价值的体现。

（一）价值之一：效益

经济效益是人类坚持不懈的追求目标。20 世纪 90 年代，我国经济发展依靠高投入、高消耗来撑持经济增长，但由于自然资源的不可再生性，而经济发展又必须依靠对自然资源的不断汲取，这二者之间的矛盾越来越不可调和，而消费至上的生活方式使得能源日渐减少。改变这种窘境，就必须把保护和改善环境作为首要目标。区域循环经济发展模式以可持续发展为战略指导，以提高自然资源利用效率为手段，遵循“资源—产品—消费—再资源”的健康循环。

为了实现资源的健康循环，需要在生产领域和消费领域改变原有的生产、生活方式。在消费领域，需要纠正那种一直以来认为“生产是主要的，消费是次要的”错误观点，树立合理消费、节约消费的理念，对物品合理的运用后，通过回收技术对其再资源化，提高物质资源的有效利用。在生产领域，摒弃高投入高增长的经济发展模式，以资源能源的最少投入实现生产经营目的。

区域循环经济活动是高效能的经济行为，能够创造比传统的单向经济发展模式更有效率的价值，而完善的循环经济法制可以保障高效率的经济发展。

（二）价值之二：正义

正义是法律追求的最高目标。环境危机时代，环境正义是人类对正义的最新的理解。环境正义核心内容包括环境资源享用的代内公平与代际公平。代内公平，一般是指代内所有人，对利用环境资源和享受清洁、良好环境均有平等的权利；而代际公平则是各世代都有义务保证其留给未来世代的地球自然资源和文化资源不比其接受这些资源时有所下降。

环境正义是一种权利，是当代人和后代人生存和发展需要的共同要求，体现为保护环境与资源的可持续发展，任何世代的人都应当在实践活动中捍卫环境正义的权利。循环经济法通过确认和设定循环经济过程中人们的权利和义务，调整循环经济活动中人们的行为，克制当代人过度奢侈的物质享受的欲望，遏制经济活动主体片面追逐经济利益的欲望，保障和促进机会公平的实现。

区域循环经济法制从三个方面保障和促进环境正义：一是设定区域循环经济活动主体的权利和义务；二是调整区域循环经济活动中主体的行为；三是遏制区域循环经济活动主体片面追逐经济利益。

（三）价值之三：秩序

区域循环经济法律规范所追求的价值之一，是为建立和维护循环经济活动中人与外界事物之间的秩序。以人为本的生态平衡是区域循环经济法制的目的之一，这也是该法律制度存在的秩序价值。

循环经济法制的秩序价值是生态秩序和社会秩序的和谐统一，循环经济法是为建立和维护循环经济活动中人与自然之间的秩序而制定的法律规范，通过规范人们在循环经济活动中的行为，促使活动更井然有序。这种监督和引导的效果主要表现在三个方面：一是有利于环境资源系统改善结构，提高系统运作效率；二是提升自然环境承载力和自我净化能力，保障人类的可持续发展；三是生态与经济之间良性互动，组成一个循环供养链条。

在人类以循环经济来改变不可持续发展的经济模式的今天，以循环法提供的规范和强制的力量，追求和满足人类对环境秩序的需要，是循环经济的价值之一。

第三节　发展区域循环经济的法律保障

法律制度是经济发展的重要保障，循环经济的发展同样需要以法律法规为支点。在发达国家，循环经济发展模式是以立法的形式确定下来的，使政府制定的各项政策、法令、制度、措施有法可依，从而推动循环经济的发展。我国正处于社会经济发展的转型阶段，在循环经济领域也出台了一些法律、法规、规章、制度，形成了以根本法——《宪法》为指导，以基本法——《循环经济促进法》为核心，以其他相关的个别法为辅助的循环经济法制体系。

一、宪法层面保障区域循环经济发展

宪法是我国的根本大法，具有最高的法律效力。区域循环经济是一种新型的经济发展模式，有利于社会经济的可持续发展。宪法虽然对环境资源粗略地做出

了规定，贯彻了环境保护的理念，但迄今为止可持续发展战略没有明确纳入其中，资源再循环、再利用没有写入宪法中。宪法中体现保护环境的理念仅有两处："国家保障自然资源的合理利用，保护珍贵的动物和植物。禁止任何组织或者个人用任何手段侵占或者破坏自然资源。""国家保护和改善生活环境和生态环境，防治污染和其他公害。国家组织和鼓励植树造林，保护林木。"第一处确定了国家在保障自然资源与合理利用方面的地位，第二处明确了国家保护环境的目的和手段。

我国循环经济发展的目标是实现可持续发展，循环经济与环境保护都要置于基本国策的地位，然而循环经济与可持续发展作为今后社会发展的重要战略却没有写入宪法。

建议在宪法层面上对法条进行恰当的修改，或重组《宪法》中与环境保护关系密切的法条，确立循环经济的法律地位。

二、基本法层面保障区域循环经济发展

《循环经济促进法》是为了促进循环经济发展，提高资源利用效率，保护和改善环境，实现可持续发展而制定的法律，自 2009 年 1 月 1 日起施行，是我国发展循环经济在法制领域所依托的基本法。

《循环经济促进法》在贯彻执行"减量化、再利用、资源化"三原则的基础上，明确了政府、市场、企业和公众为循环经济的实施主体，并规定了各自相应的职责；规定了"减量化、再利用、资源化"的具体要求；提出了促进循环经济发展的六项法律制度；建立了促进循环经济发展的激励机制；确立了各主体的法律责任。

《循环经济促进法》的颁布与实施，对循环经济的发展起了巨大的推进作用。但是，在具体内容上还有待进一步补充和强化。

《循环经济促进法》在多处授权有关机关制定配套的行政法规、规章、名录、标准等，但是对这些立法的配套细节未做出明确规定，以致出现细节性规定不缜密、法规之间承接不严谨，甚至与循环经济促进法格格不入的现象。

《循环经济促进法》法律责任中对违法者的处罚力度不够，应加大惩处力度，更好地约束企业，实现管理效果和达成管理目的，促进区域循环经济的发展。

三、专项法层面保障区域循环经济发展

区域循环经济发展模式的建立需要在各行各业同时进行，在基本法原则的指导下，更要注重各领域单项法规的建设。我国目前已颁布的专项法见表 5-1。

表 5-1 我国循环经济相关的专项法

法律名称	施行时间
矿产资源法	1986 年 10 月 1 日施行，2009 年修订
大气污染防治法	1988 年 6 月 1 日，2018 年修订
水土保持法	1991 年 6 月 29 日施行，2010 年修订
固体废物污染环境防治法	1996 年 4 月 1 日施行，2004 年修订
海洋环境保护法	1999 年 12 月 25 日施行，2017 年修订
水法	2002 年 10 月 1 日施行，2016 年修订
清洁生产促进法	2003 年 1 月 1 日
环境影响评价法	2003 年 9 月 1 日
放射性污染防治法	2003 年 10 月 1 日
可再生能源法	2006 年 1 月 1 日
节约能源法	2008 年 4 月 1 日

现有的几部专项法，都会停留在以防止污染为宗旨的立法理念上，基本上没有采取循环经济立法理念，更遑论区域循环经济立法理念。

在专项法层面，首先，应当在原有的基础之上明确区域循环经济发展理念。其次，配合区域循环经济发展的专项法还应涉及财政、金融、投资、贸易、资源回收、科技、教育培训、包装、建筑、食品、化学品、家电等领域。最后，应根据区域生态资源特点制定区域循环经济专项法律。

四、其他法律制度保障区域循环经济发展

修改《审计法》《统计法》《会计法》中现行的经济核算制度，建立科学的经济核算制度，即绿色国民经济核算制度，适应新时代循环经济的发展要求。

根据不同行业领域和各种产品的性质制定与之相对应的、具体的法律法规，从而将循环经济活动的规范措施落到实处。

从我国地方循环经济实践层面来看，许多省、直辖市、自治区均将发展循环经济作为政府工作的重要目标，并通过一系列的文件将这些既定的方针、战略固定下来。这些地方性法规的出台大大促进了当地循环经济的发展，同时也为国家层面的循环经济立法提供了很好的立法经验。

第四节 发展区域循环经济的制度保障

国家和政府在建立区域循环经济战略的任务上负有不可推卸的责任，主要起到规范、引导、服务、监督和管理的作用。由于循环经济的制度供给是自上而下

的制度变迁，因此，政府层面的法制保障措施对循环经济的发展起着至关重要的作用。

一、经济规划制度

区域循环经济规划，是指政府有关部门制定的推进区域循环经济发展的全面而长远的规划。区域循环经济规划是区域循环经济发展的重要依据，是开展一切社会经济活动所应遵循的基本准则。要真正发展区域循环经济，必须把循环经济发展纳入区域经济社会发展的整体框架之内，使发展循环经济有方向、有标准、有秩序。并运用政府的行政手段保证规划的具体实施，使经济的发展规划与环境保护规划相协调，在保护环境的同时，实现区域经济发展的可持续性。科学的区域循环经济发展规划可将经济社会活动对自然资源的需求和对生态环境的影响降低到最低限度，从根本上解决经济发展与环境保护之间的矛盾。

二、绿色采购制度

政府是社会经济发展的主导，对社会经济的发展起着宏观的调控作用，对经济发展模式的推广起着重大作用。随着世界及经济的发展与政治、经济体制改革的深入，政府采购制度已经为各国政府所重视，成为推进本国经济发展方向的一个重要手段。政府通过绿色采购制度对政府采购行为进行限制与规范，引领全社会的绿色消费理念。

政府绿色采购制度是为规范政府采购行为而制定的一系列法律规章和办法的总称。所谓政府绿色采购就是从社会公共利益和环境利益出发，优先购买符合国家绿色标准和环境负面影响小的产品和服务。政府绿色采购是构筑可持续消费模式的重要措施和突破口，它对环境友好型产品与服务的认证、建立与国际接轨的绿色贸易通道、引导大众绿色消费等措施的推行，发挥着重要作用。

政府建立区域循环经济绿色采购制度可以采取以下措施：一是建立绿色采购标准；二是公开绿色采购信息，完善监督；三是培育良好的制度环境，鼓励多方参与。

三、资源有偿使用制度

自然资源是有价值的，企业在开发利用自然资源时，应按照“谁开发谁养护、谁受益谁补偿”的原则支付经济补偿，用于自然资源的保护与恢复。资源有偿使用制度通过征收资源补偿费，为自然资源的保护、恢复和更新提供强有力的制度支持和稳定的资金渠道，从而有助于短期经济发展与长期生态功能之间关系的协调，有助于实现环境效益、经济效益和社会效益的有机统一，有利于可持续发展目标的实现。

四、经济激励制度

经济激励制度在区域循环经济中具有十分重要的作用：对于企业而言，实行循环经济的运行模式需要的成本较大，需要对现有设备、技术、工艺进行改造，采用新技术，甚至进口新设备等，所有这些都需要大量的资金，会给企业造成负担。通过经济激励制度，企业可以从政府获得发展循环经济的专项资金、税收减免等相关支持，还可以从金融机构获得享受优惠政策的专项贷款，从而降低因实行循环经济而增加的生产成本，减轻了负担，为发展循环经济解决了补给问题。

五、公众参与制度

公众对区域循环经济发展的认识水平、对区域循环经济发展的参与方式与参与程度，决定着区域循环经济发展目标实现的进程。公众参与制度有助于区域循环经济发展规划的修改和完善；有助于提高公众的区域循环经济意识；有助于区域经济的可持续发展。

公众参与可分为事前参与、事中参与、事后参与。听证是事前参与最基本的方式；事中参与方式主要是发挥公众的监督作用，矫正某些地方政府失灵或市场失灵问题；事后参与是指公众通过购买生产企业生产的绿色环保产品支持企业绿色环保式生产的方式参与循环经济发展的。

互联网的发展有效地提升了公众参与的效率，使得区域循环经济发展在公众参与方面更好地落地，如图 5-6 所示。

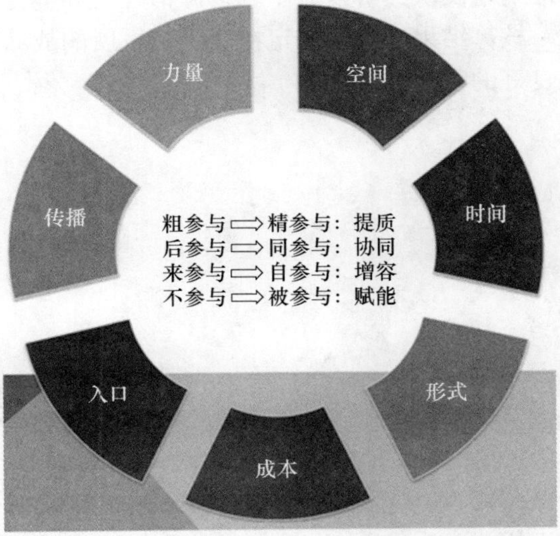

图 5-6　互联网的发展助力公众参与制度的落实

六、科技支持与示范制度

在区域循环经济的发展中，政府有关部门对循环经济技术领域的项目大力支持，鼓励有关部门和企业积极研究开发降低原材料和能源消耗的无害或低害的新工艺、新技术，鼓励积极研制和开发清洁生产技术，推广无害或低害的新工艺、新技术，把对环境污染的排放消除在生产过程之中。对研究和处理废弃产品的研究机构，给予政策上的扶持。同时，依靠国内外科研单位和大专院校，建立产学研基地，广泛开展产学研联合创新；开展对外合作，引进外国先进技术和设备；建立科技投入保障体系，建立多元化科研经费投入机制。

科技支持与示范制度作为政府在促进区域循环经济发展中的保障机制，支持开发循环经济中的关键技术和核心技术，鼓励高新技术的引进、消化、吸收和再创新，充分体现科技创新在发展循环经济中的重要作用。

七、经济评价制度

循环经济评价制度是指依法对循环经济评价活动进行规范的法律制度，是评判经济发展质量的重要依据。循环经济评价制度的建立可以对区域循环经济发展状况进行有效监测和预测，并监督有关主体履行法定义务，推动循环经济的发展。

为了科学地评价区域循环经济的发展状况，建立一套设计合理、操作性较强的循环经济评价指标体系十分必要。区域循环经济指标体系的建立需要以建立准确的统计核算制度为前提。因此，政府应当采用绿色国民经济核算方法，使国民经济核算体系能够准确地反映经济发展中因资源消耗与环境污染所发生的经济发展成本，并根据这一核算结果准确地制定社会经济发展的战略方针，从而为区域发展循环经济提供良好的基础。

附　录

中华人民共和国循环经济促进法

目　录

第一章　总则
第二章　基本管理制度
第三章　减量化
第四章　再利用和资源化
第五章　激励措施
第六章　法律责任
第七章　附则

第一章　总　　则

第一条　为了促进循环经济发展，提高资源利用效率，保护和改善环境，实现可持续发展，制定本法。

第二条　本法所称循环经济，是指在生产、流通和消费等过程中进行的减量化、再利用、资源化活动的总称。

本法所称减量化，是指在生产、流通和消费等过程中减少资源消耗和废物产生。

本法所称再利用，是指将废物直接作为产品或者经修复、翻新、再制造后继续作为产品使用，或者将废物的全部或者部分作为其他产品的部件予以使用。

本法所称资源化，是指将废物直接作为原料进行利用或者对废物进行再生利用。

第三条　发展循环经济是国家经济社会发展的一项重大战略，应当遵循统筹规划、合理布局，因地制宜、注重实效，政府推动、市场引导，企业实施、公众参与的方针。

第四条　发展循环经济应当在技术可行、经济合理和有利于节约资源、保护环境的前提下，按照减量化优先的原则实施。

在废物再利用和资源化过程中，应当保障生产安全，保证产品质量符合国家规定的标准，并防止产生再次污染。

第五条　国务院循环经济发展综合管理部门负责组织协调、监督管理全国循环经济发展工作；国务院生态环境等有关主管部门按照各自的职责负责有关循环经济的监督管理工作。

县级以上地方人民政府循环经济发展综合管理部门负责组织协调、监督管理本行政区域的循环经济发展工作；县级以上地方人民政府生态环境等有关主管部门按照各自的职责负责有关循环经济的监督管理工作。

第六条　国家制定产业政策，应当符合发展循环经济的要求。

县级以上人民政府编制国民经济和社会发展规划及年度计划，县级以上人民政府有关部门编制环境保护、科学技术等规划，应当包括发展循环经济的内容。

第七条　国家鼓励和支持开展循环经济科学技术的研究、开发和推广，鼓励开展循环经济宣传、教育、科学知识普及和国际合作。

第八条　县级以上人民政府应当建立发展循环经济的目标责任制，采取规划、财政、投资、政府采购等措施，促进循环经济发展。

第九条　企业事业单位应当建立健全管理制度，采取措施，降低资源消耗，减少废物的产生量和排放量，提高废物的再利用和资源化水平。

第十条　公民应当增强节约资源和保护环境意识，合理消费，节约资源。

国家鼓励和引导公民使用节能、节水、节材和有利于保护环境的产品及再生产品，减少废物的产生量和排放量。

公民有权举报浪费资源、破坏环境的行为，有权了解政府发展循环经济的信息并提出意见和建议。

第十一条　国家鼓励和支持行业协会在循环经济发展中发挥技术指导和服务作用。县级以上人民政府可以委托有条件的行业协会等社会组织开展促进循环经济发展的公共服务。

国家鼓励和支持中介机构、学会和其他社会组织开展循环经济宣传、技术推广和咨询服务，促进循环经济发展。

第二章　基本管理制度

第十二条　国务院循环经济发展综合管理部门会同国务院生态环境等有关主管部门编制全国循环经济发展规划，报国务院批准后公布施行。设区的市级以上地方人民政府循环经济发展综合管理部门会同本级人民政府生态环境等有关主管部门编制本行政区域循环经济发展规划，报本级人民政府批准后公布施行。

循环经济发展规划应当包括规划目标、适用范围、主要内容、重点任务和保障措施等，并规定资源产出率、废物再利用和资源化率等指标。

第十三条　县级以上地方人民政府应当依据上级人民政府下达的本行政区域主要污染物排放、建设用地和用水总量控制指标，规划和调整本行政区域的产业结构，促进循环经济发展。

新建、改建、扩建建设项目，必须符合本行政区域主要污染物排放、建设用地和用水总量控制指标的要求。

第十四条　国务院循环经济发展综合管理部门会同国务院统计、生态环境等有关主管部门建立和完善循环经济评价指标体系。

上级人民政府根据前款规定的循环经济主要评价指标，对下级人民政府发展循环经济的状况定期进行考核，并将主要评价指标完成情况作为对地方人民政府及其负责人考核评价的内容。

第十五条　生产列入强制回收名录的产品或者包装物的企业，必须对废弃的产品或者包装物负责回收；对其中可以利用的，由各该生产企业负责利用；对因不具备技术经济条件而不适合利用的，由各该生产企业负责无害化处置。

对前款规定的废弃产品或者包装物，生产者委托销售者或者其他组织进行回收的，或者委托废物利用或者处置企业进行利用或者处置的，受托方应当依照有关法律、行政法规的规定和合同的约定负责回收或者利用、处置。

对列入强制回收名录的产品和包装物，消费者应当将废弃的产品或者包装物交给生产者或者其委托回收的销售者或者其他组织。

强制回收的产品和包装物的名录及管理办法，由国务院循环经济发展综合管理部门规定。

第十六条　国家对钢铁、有色金属、煤炭、电力、石油加工、化工、建材、建筑、造纸、印染等行业年综合能源消费量、用水量超过国家规定总量的重点企业，实行能耗、水耗的重点监督管理制度。

重点能源消费单位的节能监督管理，依照《中华人民共和国节约能源法》的规定执行。

重点用水单位的监督管理办法，由国务院循环经济发展综合管理部门会同国务院有关部门规定。

第十七条　国家建立健全循环经济统计制度，加强资源消耗、综合利用和废物产生的统计管理，并将主要统计指标定期向社会公布。

国务院标准化主管部门会同国务院循环经济发展综合管理和生态环境等有关主管部门建立健全循环经济标准体系，制定和完善节能、节水、节材和废物再利用、资源化等标准。

国家建立健全能源效率标识等产品资源消耗标识制度。

第三章　减量化

第十八条　国务院循环经济发展综合管理部门会同国务院生态环境等有关主管部门，定期发布鼓励、限制和淘汰的技术、工艺、设备、材料和产品名录。

禁止生产、进口、销售列入淘汰名录的设备、材料和产品，禁止使用列入淘汰名录的技术、工艺、设备和材料。

第十九条　从事工艺、设备、产品及包装物设计，应当按照减少资源消耗和废物产生的要求，优先选择采用易回收、易拆解、易降解、无毒无害或者低毒低害的材料和设计方案，并应当符合有关国家标准的强制性要求。

对在拆解和处置过程中可能造成环境污染的电器电子等产品，不得设计使用国家禁止使用的有毒有害物质。禁止在电器电子等产品中使用的有毒有害物质名录，由国务院循环经济发展综合管理部门会同国务院生态环境等有关主管部门制定。

设计产品包装物应当执行产品包装标准，防止过度包装造成资源浪费和环境污染。

第二十条　工业企业应当采用先进或者适用的节水技术、工艺和设备，制定并实施节水计划，加强节水管理，对生产用水进行全过程控制。

工业企业应当加强用水计量管理，配备和使用合格的用水计量器具，建立水耗统计和用水状况分析制度。

新建、改建、扩建建设项目，应当配套建设节水设施。节水设施应当与主体工程同时设计、同时施工、同时投产使用。

国家鼓励和支持沿海地区进行海水淡化和海水直接利用，节约淡水资源。

第二十一条　国家鼓励和支持企业使用高效节油产品。

电力、石油加工、化工、钢铁、有色金属和建材等企业，必须在国家规定的范围和期限内，以洁净煤、石油焦、天然气等清洁能源替代燃料油，停止使用不符合国家规定的燃油发电机组和燃油锅炉。

内燃机和机动车制造企业应当按照国家规定的内燃机和机动车燃油经济性标准，采用节油技术，减少石油产品消耗量。

第二十二条　开采矿产资源，应当统筹规划，制定合理的开发利用方案，采用合理的开采顺序、方法和选矿工艺。采矿许可证颁发机关应当对申请人提交的开发利用方案中的开采回采率、采矿贫化率、选矿回收率、矿山水循环利用率和土地复垦率等指标依法进行审查；审查不合格的，不予颁发采矿许可证。采矿许可证颁发机关应当依法加强对开采矿产资源的监督管理。

矿山企业在开采主要矿种的同时，应当对具有工业价值的共生和伴生矿实行综合开采、合理利用；对必须同时采出而暂时不能利用的矿产以及含有有用组分的尾矿，应当采取保护措施，防止资源损失和生态破坏。

第二十三条　建筑设计、建设、施工等单位应当按照国家有关规定和标准，对其设计、建设、施工的建筑物及构筑物采用节能、节水、节地、节材的技术工艺和小型、轻型、再生产品。有条件的地区，应当充分利用太阳能、地热能、风能等可再生能源。

国家鼓励利用无毒无害的固体废物生产建筑材料，鼓励使用散装水泥，推广使用预拌混凝土和预拌砂浆。

禁止损毁耕地烧砖。在国务院或者省、自治区、直辖市人民政府规定的期限和区域内，禁止生产、销售和使用黏土砖。

第二十四条　县级以上人民政府及其农业等主管部门应当推进土地集约利用，鼓励和支持农业生产者采用节水、节肥、节药的先进种植、养殖和灌溉技术，推动农业机械节能，优先发展生态农业。

在缺水地区，应当调整种植结构，优先发展节水型农业，推进雨水集蓄利用，建设和管护节水灌溉设施，提高用水效率，减少水的蒸发和漏失。

第二十五条　国家机关及使用财政性资金的其他组织应当厉行节约、杜绝浪费，带头使用节能、节水、节地、节材和有利于保护环境的产品、设备和设施，节约使用办公用品。国务院和县级以上地方人民政府管理机关事务工作的机构会同本级人民政府有关部门制定本级国家机关等机构的用能、用水定额指标，财政部门根据该定额指标制定支出标准。

城市人民政府和建筑物的所有者或者使用者，应当采取措施，加强建筑物维护管理，延长建筑物使用寿命。对符合城市规划和工程建设标准，在合理使用寿命内的建筑物，除为了公共利益的需要外，城市人民政府不得决定拆除。

第二十六条　餐饮、娱乐、宾馆等服务性企业，应当采用节能、节水、节材和有利于保护环境的产品，减少使用或者不使用浪费资源、污染环境的产品。

本法施行后新建的餐饮、娱乐、宾馆等服务性企业，应当采用节能、节水、节材和有利于保护环境的技术、设备和设施。

第二十七条　国家鼓励和支持使用再生水。在有条件使用再生水的地区，限制或者禁止将自来水作为城市道路清扫、城市绿化和景观用水使用。

第二十八条　国家在保障产品安全和卫生的前提下，限制一次性消费品的生产和销售。具体名录由国务院循环经济发展综合管理部门会同国务院财政、生态环境等有关主管部门制定。

对列入前款规定名录中的一次性消费品的生产和销售，由国务院财政、税务和对外贸易等主管部门制定限制性的税收和出口等措施。

第四章　再利用和资源化

第二十九条　县级以上人民政府应当统筹规划区域经济布局，合理调整产业结构，促进企业在资源综合利用等领域进行合作，实现资源的高效利用和循环使用。

各类产业园区应当组织区内企业进行资源综合利用，促进循环经济发展。

国家鼓励各类产业园区的企业进行废物交换利用、能量梯级利用、土地集约利用、水的分类利用和循环使用，共同使用基础设施和其他有关设施。

新建和改造各类产业园区应当依法进行环境影响评价，并采取生态保护和污染控制措施，确保本区域的环境质量达到规定的标准。

第三十条　企业应当按照国家规定，对生产过程中产生的粉煤灰、煤矸石、尾矿、废石、废料、废气等工业废物进行综合利用。

第三十一条　企业应当发展串联用水系统和循环用水系统，提高水的重复利用率。

企业应当采用先进技术、工艺和设备，对生产过程中产生的废水进行再生利用。

第三十二条　企业应当采用先进或者适用的回收技术、工艺和设备，对生产过程中产生的余热、余压等进行综合利用。

建设利用余热、余压、煤层气以及煤矸石、煤泥、垃圾等低热值燃料的并网发电项目，应当依照法律和国务院的规定取得行政许可或者报送备案。电网企业应当按照国家规定，与综合利用资源发电的企业签订并网协议，提供上网服务，并全额收购并网发电项目的上网电量。

第三十三条　建设单位应当对工程施工中产生的建筑废物进行综合利用；不具备综合利用条件的，应当委托具备条件的生产经营者进行综合利用或者无害化处置。

第三十四条　国家鼓励和支持农业生产者和相关企业采用先进或者适用技术，对农作物秸秆、畜禽粪便、农产品加工业副产品、废农用薄膜等进行综合利用，开发利用沼气等生物质能源。

第三十五条　县级以上人民政府及其林业草原主管部门应当积极发展生态林业，鼓励和支持林业生产者和相关企业采用木材节约和代用技术，开展林业废弃物和次小薪材、沙生灌木等综合利用，提高木材综合利用率。

第三十六条　国家支持生产经营者建立产业废物交换信息系统，促进企业交流产业废物信息。

企业对生产过程中产生的废物不具备综合利用条件的，应当提供给具备条件的生产经营者进行综合利用。

第三十七条　国家鼓励和推进废物回收体系建设。

地方人民政府应当按照城乡规划，合理布局废物回收网点和交易市场，支持废物回收企业和其他组织开展废物的收集、储存、运输及信息交流。

废物回收交易市场应当符合国家环境保护、安全和消防等规定。

第三十八条　对废电器电子产品、报废机动车船、废轮胎、废铅酸电池等特定产品进行拆解或者再利用，应当符合有关法律、行政法规的规定。

第三十九条　回收的电器电子产品，经过修复后销售的，必须符合再利用产品标准，并在显著位置标识为再利用产品。

回收的电器电子产品，需要拆解和再生利用的，应当交售给具备条件的拆解企业。

第四十条 国家支持企业开展机动车零部件、工程机械、机床等产品的再制造和轮胎翻新。

销售的再制造产品和翻新产品的质量必须符合国家规定的标准，并在显著位置标识为再制造产品或者翻新产品。

第四十一条 县级以上人民政府应当统筹规划建设城乡生活垃圾分类收集和资源化利用设施，建立和完善分类收集和资源化利用体系，提高生活垃圾资源化率。

县级以上人民政府应当支持企业建设污泥资源化利用和处置设施，提高污泥综合利用水平，防止产生再次污染。

第五章 激励措施

第四十二条 国务院和省、自治区、直辖市人民政府设立发展循环经济的有关专项资金，支持循环经济的科技研究开发、循环经济技术和产品的示范与推广、重大循环经济项目的实施、发展循环经济的信息服务等。具体办法由国务院财政部门会同国务院循环经济发展综合管理等有关主管部门制定。

第四十三条 国务院和省、自治区、直辖市人民政府及其有关部门应当将循环经济重大科技攻关项目的自主创新研究、应用示范和产业化发展列入国家或者省级科技发展规划和高技术产业发展规划，并安排财政性资金予以支持。

利用财政性资金引进循环经济重大技术、装备的，应当制定消化、吸收和创新方案，报有关主管部门审批并由其监督实施；有关主管部门应当根据实际需要建立协调机制，对重大技术、装备的引进和消化、吸收、创新实行统筹协调，并给予资金支持。

第四十四条 国家对促进循环经济发展的产业活动给予税收优惠，并运用税收等措施鼓励进口先进的节能、节水、节材等技术、设备和产品，限制在生产过程中耗能高、污染重的产品的出口。具体办法由国务院财政、税务主管部门制定。

企业使用或者生产列入国家清洁生产、资源综合利用等鼓励名录的技术、工艺、设备或者产品的，按照国家有关规定享受税收优惠。

第四十五条 县级以上人民政府循环经济发展综合管理部门在制定和实施投资计划时，应当将节能、节水、节地、节材、资源综合利用等项目列为重点投资领域。

对符合国家产业政策的节能、节水、节地、节材、资源综合利用等项目，金融机构应当给予优先贷款等信贷支持，并积极提供配套金融服务。

对生产、进口、销售或者使用列入淘汰名录的技术、工艺、设备、材料或者产品的企业，金融机构不得提供任何形式的授信支持。

第四十六条　国家实行有利于资源节约和合理利用的价格政策，引导单位和个人节约和合理使用水、电、气等资源性产品。

国务院和省、自治区、直辖市人民政府的价格主管部门应当按照国家产业政策，对资源高消耗行业中的限制类项目，实行限制性的价格政策。

对利用余热、余压、煤层气以及煤矸石、煤泥、垃圾等低热值燃料的并网发电项目，价格主管部门按照有利于资源综合利用的原则确定其上网电价。

省、自治区、直辖市人民政府可以根据本行政区域经济社会发展状况，实行垃圾排放收费制度。收取的费用专项用于垃圾分类、收集、运输、贮存、利用和处置，不得挪作他用。

国家鼓励通过以旧换新、押金等方式回收废物。

第四十七条　国家实行有利于循环经济发展的政府采购政策。使用财政性资金进行采购的，应当优先采购节能、节水、节材和有利于保护环境的产品及再生产品。

第四十八条　县级以上人民政府及其有关部门应当对在循环经济管理、科学技术研究、产品开发、示范和推广工作中做出显著成绩的单位和个人给予表彰和奖励。

企业事业单位应当对在循环经济发展中做出突出贡献的集体和个人给予表彰和奖励。

第六章　法律责任

第四十九条　县级以上人民政府循环经济发展综合管理部门或者其他有关主管部门发现违反本法的行为或者接到对违法行为的举报后不予查处，或者有其他不依法履行监督管理职责行为的，由本级人民政府或者上一级人民政府有关主管部门责令改正，对直接负责的主管人员和其他直接责任人员依法给予处分。

第五十条　生产、销售列入淘汰名录的产品、设备的，依照《中华人民共和国产品质量法》的规定处罚。

使用列入淘汰名录的技术、工艺、设备、材料的，由县级以上地方人民政府循环经济发展综合管理部门责令停止使用，没收违法使用的设备、材料，并处五万元以上二十万元以下的罚款；情节严重的，由县级以上人民政府循环经济发展综合管理部门提出意见，报请本级人民政府按照国务院规定的权限责令停业或者关闭。

违反本法规定，进口列入淘汰名录的设备、材料或者产品的，由海关责令退运，可以处十万元以上一百万元以下的罚款。进口者不明的，由承运人承担退运责任，或者承担有关处置费用。

第五十一条 违反本法规定，对在拆解或者处置过程中可能造成环境污染的电器电子等产品，设计使用列入国家禁止使用名录的有毒有害物质的，由县级以上地方人民政府市场监督管理部门责令限期改正；逾期不改正的，处二万元以上二十万元以下的罚款；情节严重的，依法吊销营业执照。

第五十二条 违反本法规定，电力、石油加工、化工、钢铁、有色金属和建材等企业未在规定的范围或者期限内停止使用不符合国家规定的燃油发电机组或者燃油锅炉的，由县级以上地方人民政府循环经济发展综合管理部门责令限期改正；逾期不改正的，责令拆除该燃油发电机组或者燃油锅炉，并处五万元以上五十万元以下的罚款。

第五十三条 违反本法规定，矿山企业未达到经依法审查确定的开采回采率、采矿贫化率、选矿回收率、矿山水循环利用率和土地复垦率等指标的，由县级以上人民政府地质矿产主管部门责令限期改正，处五万元以上五十万元以下的罚款；逾期不改正的，由采矿许可证颁发机关依法吊销采矿许可证。

第五十四条 违反本法规定，在国务院或者省、自治区、直辖市人民政府规定禁止生产、销售、使用黏土砖的期限或者区域内生产、销售或者使用黏土砖的，由县级以上地方人民政府指定的部门责令限期改正；有违法所得的，没收违法所得；逾期继续生产、销售的，由地方人民政府市场监督管理部门依法吊销营业执照。

第五十五条 违反本法规定，电网企业拒不收购企业利用余热、余压、煤层气以及煤矸石、煤泥、垃圾等低热值燃料生产的电力的，由国家电力监管机构责令限期改正；造成企业损失的，依法承担赔偿责任。

第五十六条 违反本法规定，有下列行为之一的，由地方人民政府市场监督管理部门责令限期改正，可以处五千元以上五万元以下的罚款；逾期不改正的，依法吊销营业执照；造成损失的，依法承担赔偿责任：

（一）销售没有再利用产品标识的再利用电器电子产品的；

（二）销售没有再制造或者翻新产品标识的再制造或者翻新产品的。

第五十七条 违反本法规定，构成犯罪的，依法追究刑事责任。

第七章 附 则

第五十八条 本法自2009年1月1日起施行。

参考文献

[1] 常钦．我国森林面积和蓄积 30 多年保持双增长 [N]. 人民日报，2019-12-10.

[2] 前瞻产业研究院．2019 年中国污水处理产业全景图谱 [EB/OL].

[3] 俞金香，卢凡．试论循环经济法的概念及其调整对象 [J]. 商场现代化，2015 (1).

[4] 谢俊，廖明．内陆开放区生态化建设法律问题研究 [M]. 北京：新华出版社，2016.

[5] 何艳梅．环境法的激励机制 [M]. 北京：中国法制出版社，2014.

[6] 朱心来，刘炜．循环经济理论发展及现实问题研究 [M]. 沈阳：辽宁大学出版社，2012.

[7] 王晶．循环经济与四化同步发展研究 [M]. 郑州：河南人民出版社，2015.

[8] 王少枋，李贤．循环经济理论与实务 [M]. 北京：中国经济出版社，2014.

[9] 郝家龙．循环经济与资源城市成长路径 [M]. 长春：吉林出版集团有限责任公司，2016.

[10] 蒋冬梅．经济立法的生态化理念研究 [M]. 北京：中国法制出版社，2013.

[11] 吕志祥．环境法 [M]. 北京：中国言实出版社，2014.

[12] 宋丹丹．区域循环经济发展的法制保障研究 [D]. 吉首：吉首大学，2015 (06): 9-13.

[13] 孙久文．区域经济学 [M]. 北京：首都经济贸易大学出版社，2017.

[14] 杨春平，吕黎，陈昆柏．工业固体废物处理与处置 [M]. 郑州：河南科学技术出版社，2017.

[15] 毕井泉．循环经济需要立法作保障 [J]. 中国经济周刊，2006 (48): 5.

[16] 陈宗兴，刘燕华．循环经济的战略思考 [M]. 沈阳：辽宁科学技术出版社，2007.

[17] 崔红．地方治理法治化研究——规范立法和创新制度 [M]. 北京：知识产权出版社，2016.

[18] 崔伟宏，等．可持续发展与循环经济信息化 [M]. 北京：中国科学技术出版社，2009.

[19] 邓相花．循环经济法主体责任配置研究 [D]. 武汉：华中师范大学，2008: 29-30.

[20] 丁社教．法治博弈分析导论 [M]. 西安：西北工业大学出版社，2007.

[21] 董保华．社会法原论 [M]. 北京：中国政法大学出版社，2001.

[22] 董溯战．循环经济法的基本原则新论 [J]. 重庆：西南政法大学学报，2008 (4): 20-28.

[23] 冯之浚．循环经济与绿色发展 [M]. 杭州：浙江教育出版社，2013.

[24] 高欣．固体废物循环管理研究——基于上海市循环经济发展 [M]. 北京：中国环境科学出版社，2008.

[25] 孔令丞，谢家平．循环经济推进战略研究 [M]. 北京：中国时代经济出版社，2008.

[26] 李如生．非平衡态热力学和耗散结构 [M]. 北京：清华大学出版社，1986.

[27] 李长友．我国循环经济的法制保障研究 [D]. 北京：中央民族大学，2010.

[28] 乔刚．生态文明视野下的循环经济立法研究 [M]. 杭州：浙江大学出版社，2011.

[29] 史宝娟，闫军．区域循环经济系统评价及优化 [M]. 北京：冶金工业出版社，2011.

[30] 谭元发．装备制造业循环经济研究 [M]. 北京：中国经济出版社，2010.

[31] 万珂．循环经济与国际贸易的可持续发展 [J]. 中国外资，2013 (13): 21, 23.

[32] 王灿发，李丹．循环经济法的建构与实证分析 [J]. 现代法学，2007 (4): 106-112.

[33] 王灿发．循环经济立法的必要性及其定位［J］．东南学术，2006（3）：161-162.
[34] 王金霞．绿色经济与绿色发展丛书——绿色税收［M］．北京：中国环境科学出版社，2017.
[35] 王培君．论我国循环经济法制的构建［D］．泉州：华侨大学，2006.
[36] 徐祥民．对“公民环境权论”的几点疑问［J］．中国法学，2004（2）：109-116.
[37] 徐云，中关村国际环保产业促进中心．循环经济国际趋势与中国实践［M］．北京：人民出版社，2005.
[38] 俞金香，何文杰，武晓红．循环经济法制保障研究［M］．北京：法律出版社，2009.
[39] 张坤民，马中．可持续发展论［M］．北京：中国环境科学出版社，1997.
[40] 张文显．法理学［M］．3 版．北京：高等教育出版社，2007.
[41] 张文显．法哲学范畴研究［M］．北京：中国政法大学出版社，2001.
[42] 张小冲，张学军．循环经济发展之路［M］．北京：人民出版社，2006.
[43] 刘玫，肖寒，于茜．企业如何开展循环经济标准化试点工作［J］．大众标准化，2011（10）：17.
[44]［德］马克思．资本论（第 3 卷）［M］．中央编译局，译．北京：人民出版社，1975.